Friedhold Vogel

Gemeinsam
Gott bestürmen

Die Kraft des gemeinsamen Betens

Friedhold Vogel, 1937 in Falkenstein/Vogtland geboren, ist Evangelist, Theologe und Schriftsteller. Seit 1979 steht für ihn der evangelistische Dienst an erster Stelle. Er wurde von diesem Zeitpunkt an von seiner Kirche für diesen Arbeitszweig freigestellt. Insbesondere ist er tätig als freier Mitarbeiter beim Evangeliums-Rundfunk, Koordinator Deutscher Gebetsbewegungen, im Leitungskreis der Lausanner Bewegung Deutschland und deutscher Vertreter in der internationalen Lausanner Fürbittengruppe. Friedhold Vogel ist verheiratet und Vater von zwei erwachsenen Töchtern.

Hänssler-Taschenbuch
Bestell-Nr. 393.741
ISBN 3-7751-3741-6

© Copyright 2001 by Hänssler Verlag, D-71087 Holzgerlingen
Internet: www.haenssler.de
E-Mail: info@haenssler.de
Umschlaggestaltung: Stefanie Bunner
Titelbild: Bildagentur Mauritius
Satz: Vaihinger Satz + Druck
Druck und Bindung: Ebner ULM
Printed in Germany

Die Bibelstellen wurden, sofern nicht anders angegeben, nach Luther 99 zitiert.

Inhaltsübersicht

Die Teenager-Überraschung

Die Teenager-Überraschung

Es war an einem Freitag im Juni 1994. Ich hatte am Hauptbahnhof in Stuttgart kurz vor 12.00 Uhr eine Mitarbeiterin abgeholt. Für 19.30 Uhr war eine Gebetsveranstaltung als Auftakt einer Evangelisation in der Nähe von Leipzig geplant. Nun waren wir auf der Autobahn und beteten, denn es gab da zwei Probleme. Das erste Problem war der Freitagsverkehr, und das zweite Problem war der Ausbau der A 9 zwischen Nürnberg und Bayreuth. Unser Gebet wurde durch den Verkehrsfunk unterbrochen. Er meldete zwanzig Kilometer Stau zwischen Nürnberg und Pegnitz. Wir konnten uns an fünf Fingern abzählen, dass wir die fünfhundert Kilometer bei dieser Verkehrslage niemals bis 19.30 Uhr schaffen würden. Zum Glück hatten wir die Staumeldung so frühzeitig gehört, dass wir eine Umgehungsstrecke wählen konnten. So fuhren wir über Bamberg, spurten kurz nach Bayreuth wieder in die A 9 ein und erreichten unser Ziel wenige Minuten vor Beginn der Veranstaltung. Ungefähr dreißig Mitarbeiter und Mitarbeiterinnen hatten sich in der Zelthalle versammelt und begrüßten uns. Es wurde ein bewegter Gebetsauftakt. Wir sangen Anbetungslieder und gaben Gott im Gebet, in Lobpreis und Anbetung die Ehre. Danach wollte ich einige Gebetsanliegen nennen und zu einer Bitte- und Fürbittezeit einladen. Aber dazu kam es nicht, denn plötzlich wurde der Zelteingang geöffnet und eine Gruppe junger Leute kam herein. Sie guckten sich interessiert um und setzten sich dann auf die hintere Reihe. Mir war klar, dass ich jetzt auf diese Jugendlichen eingehen musste. Ich konnte sie nicht einfach ignorieren und die Gebetsversammlung wie geplant weiterführen. Da kam mir ein hilfreicher Gedanke. Ich begrüßte die Gruppe, erklärte, dass wir hier zusammengekommen sind, um mit Gott zu sprechen, und lud sie ein, mit dabeizusein. Ich erklärte den Betern und den Teenagern, dass wir jetzt im Zelt kleine Gebetsteams bilden, und bat sie, sich einfach dazuzusetzen. So verteilten wir uns im Zelt. Überall gruppierten sich Gebetszellen, und in jeder dieser Zellen saß ein Junge oder ein Mädchen dieser Gruppe. Das war an sich schon ein halbes Wunder, dass sie mitmachten, denn, das stellten wir bald fest, sie hatten null Ahnung von Gott.

In unserer Gruppe saßen zwei 15-Jährige. Ich fragte sie nach ihrem Namen, und dann fragte ich den, der rechts neben mir saß: »Wann hast du zum letzten Mal gebetet?« Der schaute mich erstaunt an und sagte: »Ich habe noch nie gebetet«. Als ich den anderen fragte, kam die gleiche Antwort. »Dann wollen wir jetzt für euch beten, o.k.?« Keine Reaktion. Also beteten wir für unsere beiden jungen Teilnehmer. Ähnliches geschah auch in den anderen Gebetszellen. Keiner der jungen Leute lachte oder ging weg. Sie saßen und guckten neugierig oder verlegen.

»Das war der erste evangelistische Abend«, sagte ich später zu meinen Mitarbeitern. Nun waren wir alle gespannt, wie es weitergehen würde. Und dann kam diese Gruppe beinah geschlossen Abend für

Abend in die Zelthalle. Auch tagsüber wurde das Zelt ihr Treffpunkt. Dabei ergaben sich viele Gespräche über Gott und die Welt.

Als ich in der dritten Veranstaltung zum ersten Mal zur Entscheidung für Jesus Christus aufrief, standen die meisten dieser jungen Leute auf und kamen nach vorn. Wir waren alle tief bewegt – und wir wussten, das war die Wirkung dieses Gebetsabends.

Linksradikale in der Zelthalle

Eine zweite erstaunliche Gebetserfahrung haben wir wenige Tage später gemacht. Es geschah kurz vor Schluss der Veranstaltung. Beim Aufruf zur Entscheidung für Christus waren Menschen aufgestanden und ans Podium getreten. Ich wollte mit ihnen beten. Doch plötzlich wurde die gegenüberliegende Zeltwand aufgerissen und einige junge Leute stürmten herein. Sie schrien und tobten. Sie stießen die Fäuste in die Luft und rissen einen älteren Mann zu Boden. Mehrere Christen liefen nach hinten und legten sich mit ihnen an. Der Lärm war so groß, dass ich ein Lied anstimmte, um dadurch der spannungsgeladenen Situation Herr zu werden. Die Zuhörer erhoben sich und sangen mit. So schnell wie möglich beendete ich die Veranstaltung und ging zu den Randalierern. Ich versuchte, mit ihnen zu sprechen. Aber das war absolut unmöglich. Sie waren so aggressiv und in ihren Antworten so obszön, dass ich es aufgeben musste. Schließlich verließen sie fluchend die Zelthalle und fuhren davon. Einer zog zuletzt noch seine Hose herunter und zeigte seinen nackten Po. Die Geste war eindeutig. Wir atmeten auf und waren froh, dass es zu keiner größeren Auseinandersetzung gekommen war.

Eigentlich hatten wir für diesen Abend noch ein Nachtkino geplant, aber wir sagten diese Veranstaltung ab, weil wir eine erneute Konfrontation mit diesen Radikalen befürchteten. An Stelle der Spätveranstaltung haben wir dann zu einer Gebetsnacht eingeladen. Ein kleiner Kreis von Christen blieb zurück. Wir sangen Anbetungslieder, beteten um Bewahrung und dankten für die Besucher, die sich für ein Leben mit Jesus entschieden hatten.

Es war kurz vor Mitternacht, als ich innerlich bewegt wurde, noch einmal für diese extreme Gruppe zu beten. Dabei tat ich etwas, was mir selbst völlig fremd war. Ich sprach ihnen im Namen Jesu die Vergebung zu für ihre Worte, ihre Aggressionen und ihre Handgreiflichkeiten. Ich hatte das nicht geplant. Ich folgte einfach einer Eingebung. Und genau da geschah etwas Unerwartetes: Am Zelteingang erschienen dieselben jungen Männer. Aber ihr Verhalten war völlig anders. Sie waren sichtlich verlegen. Sie entschuldigten sich für ihren Auftritt. Sie waren gesprächsbereit und stellten Fragen über Gott und die Welt. Einer gab uns seine Adresse und wollte den Kontakt mit uns halten. Die Veränderung war so auffallend und unerklärbar, dass der Pfarrer des Ortes sagte: »Seit heute Nacht glaube ich wieder an Wunder.«

Zwei persönliche Gebetserlebnisse zum Auftakt. Sie sollen Ihnen zeigen, dass das gemeinsame Gebet keine liturgisch-religiöse Handlung für den innerkirchlichen Dienstgebrauch ist, sondern ein Geschehen, das Gottes Arm bewegt.

Atmosphäre Gottes

Charles Haddon Spurgeon, der bekannteste Prediger des 19. Jahrhunderts, wurde einmal von einer deutschen Theologendelegation besucht. Sie interessierten sich für seine Gemeindearbeit und hatten viele Fragen. Unter anderem zeigte er ihnen auch seine Vortragshalle, das so genannte Tabernakel. Sonntag für Sonntag versammelten sich dort bis zu sechstausend Menschen, um die Predigten von Spurgeon zu hören. Als die Gruppe alles besichtigt hatte, sagte Spurgeon: »Und nun werde ich Sie noch in unsere Heizanlage führen.«

Die Theologen wehrten mit der Bemerkung ab, dass sie sich für so etwas weniger interessieren.

»Aber diese Anlage müssen Sie sehen, meine Herren«, sagte Spurgeon und ging mit ihnen nach unten. Er öffnete eine Tür. Ein großer Saal wurde sichtbar, der mit vielen Kniekissen ausgelegt war. »Das ist sie«, erklärte er den erstaunt blickenden Männern. Sie begriffen: Hier knieten Männer und Frauen vor Gott.

Der Gebetssaal – die Zentralheizung der Gemeinde. Gebetsgemeinschaft ist das Geheimnis der warmen

Atmosphäre. Wo gebetet wird, verwandelt sich das geistliche Klima. Die Temperatur steigt. Menschen fühlen sich wohl. Liebe wird spürbar. Gottes Heiliger Geist erfüllt die Räume. Wo diese Heizanlage aber nicht mehr funktioniert, wird die Gemeinde zu einer Kühltruhe. Die Temperatur sinkt. Kälte breitet sich aus. Rechthaberei, Streit, Missgunst, Ehrsucht gewinnen Raum. Menschen ziehen sich zurück.

Auf einer Bibelkonferenzstätte, in der ich seit vielen Jahren zum Jahreswechsel und an Ostern Jugendkonferenzen leite, ist ein Zimmer ausschließlich für das Gebet reserviert. Vor Jahren haben wir damit begonnen, vom zweiten Konferenztag an ein Tagesgebet zu organisieren. Auf einer vorgefertigten Liste ist der Tag in halbe Stunden eingeteilt. Jeweils zwei Teilnehmer tragen ihre Namen in eine solche 30-Minuten-Rubrik ein. So wird in diesem Raum in Zweierteams vom frühen Morgen bis zum Abend gebetet. Gebetsanliegen werden auf kleine Zettel geschrieben und vor Gott ausgesprochen.

Neulich entdeckte ich an der Innenseite der Tür ein Informationsschreiben. Ich las zu meinem Erstaunen: »Die Heizung des ganzen Hauses wird durch die Temperatur dieses Raumes automatisch gesteuert.« Genau das ist es, dachte ich. Nicht nur die natürliche Temperatur wird durch den Wärmezustand dieses Zimmers gesteuert, sondern auch die geistliche Temperatur. Das jedenfalls ist unsere Erfahrung aus dem Gebetsdienst an unseren Jugendkonferenzen.

Angehenden Pastoren erklärte Spurgeon: »Halten Sie die Gebetsversammlung aufrecht, was immer auch erschlafft. Der große Gebetsabend der Woche ist der beste Gottesdienst zwischen den Sonntagen; machen Sie ihn dazu. An Ihrer Stelle würde ich die Gebetsversammlung zu einem besonderen Grundzug meiner Wirksamkeit machen.« (1)

Problemanzeige

Als ich dieses Zitat las, bin ich erschrocken. Ich dachte an die vielen Gemeinden, in denen ich als Evangelist predigte. In kaum einer Gemeinde entdeckte ich diesen »großen Gebetsabend der Woche«. Wo gibt es noch Gemeinden in unserem Land, die einen solchen Gebetsgottesdienst haben? Und ich frage mich auch, wo sind die Pastoren, wo sind die Gemeindeleiter, die Gebetstreffen »zu einem Grundzug ihrer Wirksamkeit machen«? Ist es nicht so, dass die kirchlichen Veranstaltungskalender ein buntes Spektrum von Angeboten aufweisen, aber im Blick auf Gebetsgemeinschaft ist Fehlanzeige. Lesen Sie die Gottesdienstanzeigen in den Zeitungen. Schauen Sie in Ihrem Gemeindebrief nach. Orientieren Sie sich an den Schaukästen der Kirchen und Gemeindehäuser. Angeboten werden: Gottesdienste, Bibelstunden, Hauskreise, Jugendtreffs, Frauen- und Männerabende, Mütterbegegnungen, Übungsstunden des Gemeindechores und des Posaunenchores ... Die Aufzählung könnte weitergeschrieben werden. Vermissen aber werden Sie den Begriff »Gebet«. Ausnahmen bestätigen die Regel.

Ein Mitarbeiter zeigte mir einmal stolz eine Liste mit sechzehn verschiedenen Gemeindeveranstaltungen. Offenbar wollte er damit beweisen, wie lebendig und aktiv die Gemeinde ist, zu der er gehörte. Ich habe ihn dann nach einem Gebetstreffen gefragt, und da musste er passen. Dabei hatte ich den Eindruck, dass dieses eklatante Minus ihn kaum berührte.

Lesen Sie dazu eine zentrale Aussage der Bibel:

> *»Das Erste und Wichtigste, wozu ich die Gemeinde aufrufe, ist das Gebet – und zwar für alle Menschen. Bringt Bitten und Fürbitten und Dank für sie alle vor Gott.«* (1. Timotheus 2,1; Die Gute Nachricht)

Ich höre nach diesen kritischen Vorbemerkungen erregte Stimmen. Sie weisen darauf hin, und diesen Ehrenrettungsversuch machte jener Mitarbeiter auch, dass ja in beinah allen Veranstaltungen gebetet wird. Da und dort treffen sich auch einige Christen kurz vor dem Gottesdienst zum Gebet. Aber »Hand aufs Herz« – läuft das nicht oft nur nebenbei? Sind diese Gebetstreffen nicht die Mini-Veranstaltungen der Gemeinde? Eine Randerscheinung des Gemeindealltags? Es wird einige Ausnahmen geben, aber die Regel ist: Gebet läuft in den meisten Gemeinden in unserem Land unter »ferner liefen«. Wir müssen dieser Tatsache ins Auge sehen. Wir müssen, auch wenn das unsere Gemeindearbeit und unser gesamtes kirchliches Engagement in Frage stellt, diese Realität zur Kenntnis nehmen. Und wir müssen dieser Mangelerscheinung auf den Grund gehen. Wir müssen die existenzielle Frage stellen, warum das so ist?

- Warum wurde der Gebetsabend in Ihrer Gemeinde gestrichen?
- Warum haben wir das gemeinsame Gebet auf fünfzehn Minuten reduziert?
- Warum ist die Gebetsversammlung nur ein »unbedeutender Vorspann« vor dem Gottesdienst?
- Warum verkümmerte das gemeinsame Gebet zu einem reduzierten Anhängsel an einen Bibel- und Gesprächsabend?
- Warum treffen sich häufig nur die Älteren zum Gebet?
- Warum fehlt dort, wo es noch Gebetsgemeinschaft gibt, vielfach der geistliche Schwung, die Freude, die Dynamik, die Erwartungshaltung, der ansteckende Glauben und das Ergriffensein von der Gegenwart Gottes?
- Warum wird in den Gemeindevorständen, in den Pastorenkonvents, in Mitarbeiterbegegnungen stundenlang diskutiert und nur einige Minuten gebetet?
- Warum ... ?

Nach diesem Aufriss einer entscheidenden Problemanzeige möchte ich das Thema anhand biblischer Texte entfalten.

»Das Gebet eines Gerechten ...

... vermag viel,
wenn es ernstlich ist«

Das ist meine Feststellung: Das Problem der Gebetsgemeinschaft ist zuerst das Problem des persönlichen Gebets. Gemeinden ohne lebendige Gebetsversammlungen sind Gemeinden ohne Beter, oder es sind Gemeinden, in denen es nur vereinzelt Beter gibt. Dabei meine ich, wenn ich jetzt von Betern und von Gebet spreche, nicht ein traditionelles Beten, ein Gebet vor den Mahlzeiten, ein eiliges Morgengebet oder ein gelegentliches Stoßgebet. Ich meine auch nicht das noch praktizierte »Stille-Zeit-Gebet« oder das »Sei-fünf-Minuten-still-Gebet«. Ich spreche auch nicht von dem Beten in Notsituationen. Nein, das wird hier nicht angesprochen. Wenn ich von Betern und von Gebet spreche, dann denke ich zuerst an einen Satz aus dem Jakobusbrief:

> *»Des Gerechten Gebet vermag viel, wenn es ernstlich ist.«* (Jakobus 5,16)

Dieser Satz muss erklärt werden. Ich frage: Welche Leute werden in diesem Brief angesprochen und was heißt »ernstlich beten«? Geht es dabei um eine Elitetruppe? Ist hier an Menschen gedacht, die einen besonderen Gebetsauftrag von Gott haben? Wird in diesem Text lediglich vom Gebet in Problemsituationen gesprochen, vom Beten in besonderen Lebenskrisen?

Gerechtigkeit – Gottes Geschenk

Zuerst unterstreiche ich den Begriff »gerecht« oder, wenn er auf den Menschen bezogen wird, »Gerechter«. Ich weiß nicht, welche Übersetzung der Bibel Sie benützen und wie bei Ihnen dieser Satz lautet. Darum weise ich darauf hin, dass im Grundtext dieser Begriff »gerecht« verwendet wird. Auf ihn berufe ich mich, wenn ich frage: Wer ist ein »Gerechter«? Dazu einen erklärenden Satz aus der Bibel:

> *»Da wir nun gerecht geworden sind durch den Glauben (an Jesus Christus), haben wir Frieden mit Gott durch unsern Herrn Jesus Christus.«* (Römer 5,1)

Gerechte sind Menschen, die sich Jesus Christus anvertraut haben und ihm nachfolgen. Es geht also hier nicht um religiös orientierte Menschen, um nominelle Kirchgänger, um an Gott Interessierte, um Menschen, die ein Gerechtigkeitsempfinden haben, oder um solche, die sich für »Frieden und Gerechtigkeit« einsetzen, sondern es geht um Menschen, die sich für ein Leben mit Jesus Christus entschieden haben.

Der Begriff »gerecht« hat weithin in christlichen Kreisen den Beiklang von »selbstgerecht«, von »überheblich«. Man denkt an eine gesetzliche, enge und muffige Frömmigkeit. Man zieht eine Parallele zu den Pharisäern der biblischen Berichte, die ihre Religiosität öffentlich zur Schau stellten und nach strengen Regeln und Gesetzen lebten. Es war eine Art Leistungsgerechtigkeit. Die Bibel aber spricht von geschenkter Gerechtigkeit. Dieses Geschenk erhält der Mensch, wenn er sich Jesus Christus übereignet. Der Apostel Paulus schreibt davon:

> *»Ich schäme mich des Evangeliums nicht; denn es ist eine Kraft Gottes, die selig macht alle, die daran glauben. Denn darin wird offenbart die Gerechtigkeit, die vor Gott gilt, welche kommt aus Glauben ...«* (Römer 1,16.17).

Diese Gerechtigkeit »gilt vor Gott« und von **dieser** Gerechtigkeit spricht auch der Apostel Jakobus im oben angeführten Gebetstext. Wir stellen darum erstens fest, dass nur das Gebet Wirkungen auslöst, das von einem Menschen gesprochen wird, der eine persönliche Beziehung zu Jesus Christus hat. Ausnahmen in Notsituationen bestätigen auch hier die Regel. Das heißt: Gott wird auch in bestimmten Situationen das Gebet von Menschen erhören, die sich ihm noch nicht anvertraut haben. Aber das ist nicht unser Thema. Es geht uns ja um die Frage, wer ist ein Beter? Zur weiteren Klärung hilft uns dabei die zweite Aussage des biblischen Satzes:

Das Energeia-Gebet

Das Energeia-Gebet

Ich erinnere noch einmal daran, dass ich hier von Betern und Beterinnen spreche, die in vielen Gemeinden nur noch vereinzelt anzutreffen sind, von Menschen, die »ernstlich« beten. Was ist damit gemeint? Der Begriff »ernstlich« ist aus dem Grundtext der Bibel übertragen. Dort finden Sie das Wort »energeia«. Von ihm sind in unserer Sprache die Begriffe »Energie« oder auch »energisch« abgeleitet. Synonyme für »Energie« sind »Tatkraft« und »Entschlossenheit«. Ich übertrage diese Synonyme auf den biblischen Text:

> »Das Gebet eines Gerechten vermag viel, wenn es mit Energie, mit Tatkraft, mit Entschlossenheit geschieht.«

Sie können auch das Wort »energisch« einsetzen. Es ist von Gebet die Rede, hinter dem die ganze Persönlichkeit steht, der Mensch mit Leib, Seele und Geist. Es ist von Gebet die Rede, von dem der Mensch gepackt und ergriffen ist. Es ist Gebet, bei dem es nicht um Worte und Formulierungen geht, sondern um Hingabe. Also kein »Nebenbei-Gebet«. Kein Gebet, das man so aus dem religiösen Ärmel schüttelt. Kein Gebet, das kühl und intellektuell formuliert wird. Kein Gebet, das man abliest und dann zur Seite legt. Hier ist das Gebet angesprochen, das den Menschen in seinem Herzen bewegt, ein Gebet mit Tiefgang, ein Gebet, das durch und durch echt ist, ein Reden mit Gott, das vom Leben abgedeckt wird.

Jakobus zeigt in den folgenden Versen ein beeindruckendes Beispiel für »ernstliches Gebet«:

> *Elia war ein schwacher Mensch wie wir; und er betete ein Gebet, dass es nicht regnen sollte, und es regnete nicht auf Erden drei Jahre und sechs Monate. Und er betete abermals, und der Himmel gab den Regen, und die Erde brachte ihre Frucht.«*
> (Jakobus 5,17.18)

Beachten Sie zuerst den gut durchdachten und bewusst gewählten Einstieg: »*Elia war ein schwacher Mensch wie wir ...*« Jakobus wusste, was Sie und ich über die beeindruckenden Gebetserhörungen des Propheten Elia denken. »O.k.«, sagen wir, »Elia, das war einer von diesen großen Glaubensstars der Bibel, ein von Gott besonders begabter Mann, ein kraftvoller Beter vor dem Herrn. Er hatte das ›Charisma des Gebets‹. Mit ihm kann ich mich ja wohl nicht vergleichen. Das wäre geistlicher Hochmut.«

Genau dieser »Wind« wird uns durch die »Randbemerkung« – »Elia war ein schwacher Mensch wie wir« – »aus den Segeln genommen«. Wir werden auf die gleiche Ebene gestellt, auf der auch Elia stand. Sie wird in einem Satz von Jesus am deutlichsten beschrieben:

> *... ohne mich könnt ihr nichts tun.«* (Johannes 15,5)

Elia war abhängig von Gott, und wir sind abhängig von Gott. Aber, und das ist der entscheidende Faktor, Elia kannte den Gott, der auf Gebet antwortet, und der Gott Elias ist auch unser Gott.

Die Bibel berichtet von zwei Gebeten, die Elia sprach, und die beide von Gott erhört wurden. Zuerst betete er ein »negatives« Gebet: dass es nicht regnen sollte; und Gott verschloss den Himmel. Drei Jahre und sechs Monate später sprach Elia dann ein »positives« Gebet: Er betete um Regen. Und Gott erhörte auch dieses Gebet. Dass diese Gebete keine Spielereien waren, keine leichtfertigen Experimente, keine religiösen Shows, zeigt der biblische Bericht in 1. Könige 17+18. Es ging im ersten Gebet um Gericht und im zweiten Gebet um Gnade. Seine Gebete sollten Gottes Volk, das sich fremden Göttern verschrieben hatte, die Augen öffnen und zur Umkehr bewegen. Es ging um die Sache des Reiches Gottes. Gottes Ehre stand im Zentrum seiner Gebete.

Wenn Sie jetzt noch einmal den »Jakobus-Kommentar« über Elias Gebete lesen, könnten Sie den Eindruck gewinnen, dass diese Gebete beinah nebenbei gesprochen wurden. Es klingt alles sehr einfach und mühelos: Ein Blick nach oben, zwei Bitten zu Gott und »Amen«. Aber der Bericht aus dem Alten Testament zeigt, wie viel Einsatz, wie viel Konzentration, wie viel »energeia« und wie viel Glaube Elia in das Gebet um Regen investierte.

Ich versuche die Situation nachzuzeichnen: Elia bestieg den Berg Karmel. Dort »bückte er sich zur Erde und hielt sein Haupt zwischen seine Knie« (1. Könige 18,42). Eine absolut ungewöhnliche Gebetshaltung, die ein enormes Gebetstraining dokumentiert, eine geradezu sportliche Höchstleistung.

Und in dieser Stellung, die äußerste Konzentration erkennen lässt, betete er. Nichts sollte ihn ablenken. Dabei schickte Elia seinen Schüler auf die Spitze des Berges, von der aus er das Mittelmeer sehen konnte. Der junge Prophet sollte Ausschau nach Wolken halten und seinen Meister entsprechend informieren. Elia rechnete also mit Erhörung, und zwar nicht für übermorgen, sondern für jetzt. Sechs Mal kam der Prophetenschüler zurück und brachte jedes Mal einen negativen Bericht: »Keine Wolken in Sicht.« Aber Elia ließ sich nicht beirren. Ein beeindruckendes Zeugnis seines Gottvertrauens. Nehmen wir einmal an, dass der Weg vom Gebetsort des Elia bis zu der Spitze des Karmel zwanzig Minuten betrug, so betete Elia ungefähr fünf Stunden. Welch ein bewegendes Beispiel für Tatkraft und Energie. Und dabei war Elia, und ich betone das noch einmal, »ein schwacher Mensch wie wir«.
Der siebte Lagebericht des Schülers an Elia lautete:

> *Es steigt eine kleine Wolke auf aus dem Meer wie eines Mannes Hand.«*

Enttäuschend für den jungen Propheten – eine so winzige Wolke, zehn mal fünfzehn Zentimeter. Für Elia jedoch war das eine absolute Siegesbotschaft. Er wusste, dass Gott sein Gebet erhört hatte. Und er hatte Recht, denn die Bibel berichtet:

> *Ehe man sich's versah, wurde der Himmel schwarz von Wolken und Wind, und es kam ein großer Regen.«*

Mir ist klar, dass man mit derartiger Energie und derartigem Einsatz nicht immer beten kann und nicht immer beten muss. Das Gespräch mit Gott besteht eben nicht nur aus Bitten und bedrängenden Anliegen, die ein derart einsatzbereites Beten erforderlich machen.

• In der Bibel ist zum Beispiel von Lobpreis die Rede. Im Lobpreis aber kann man nicht »den Kopf zwischen die Knie klemmen«.

• Die Bibel spricht auch von Anbetung, und das ist nur in Staunen und Ergriffenheit möglich. Es gibt keine »energische« Anbetung.

• Dank ist ein weiterer Gebetsbereich. Und Dank erfordert keine geistliche Kraftanstrengung.

Aber wenn Sie den Abfall von Gott in Ihrer Umgebung wahrnehmen, wenn Sie entdecken, wie Ihre Gemeinde sich nur um sich selbst dreht, und kein Verlangen mehr zu spüren ist, Außenstehende mit dem Evangelium zu erreichen und Menschen für Christus zu gewinnen, wenn Sie sehen, wie unser Volk sich mehr und mehr dem Okkultismus und dem Materialismus öffnet, wenn es Ihnen unter die Haut geht, dass wöchentlich Zehntausende Ungeborener im Mutterleib ermordet werden, dann ist neben Lobpreis, Anbetung und Dank auch Bitte und Fürbitte angesagt – und dann geht es um das »Energeia-Gebet«.

Hingabe und Entschlossenheit

Hingabe mit Herz ist die Voraussetzung für jedes Reden mit Gott, aber Bitte und Fürbitte braucht Hingabe und Energie, braucht Hingabe und Einsatz.

Hier greife ich noch einmal zurück auf meine im Anfang dieses Kapitels gemachte Aussage: »Das Problem der Gebetsgemeinschaft ist zuerst das Problem des persönlichen Gebets.« Wenn der Gebetsdienst in Ihrer Gemeinde nur noch eine unbedeutende Randerscheinung ist, dann krankt es an Betern, die »ernstlich« beten, dann krankt es an Betern, die mit Hingabe beten.

Bevor Sie jedoch jetzt auf andere zeigen und kritisierend feststellen, dass der Pastor keinen besonderen Wert auf Gebetsversammlungen legt, dass die meisten Gottesdienstbesucher keine Antenne für Gebet haben und darum kaum jemand oder nur wenige zum gemeinsamen Gebet bereit sind, bitte ich Sie, Ihre Gespräche mit Gott unter die geistliche Lupe zu nehmen. Gestatten Sie mir darum einige sehr persönliche Fragen. Wenn Sie Mut haben, können Sie Ihre Antworten in die Leerzeilen eintragen:

• Wie viel Zeit investieren Sie ins Gebet?

• Wie beurteilen Sie den Grad Ihrer Hingabe, wenn Sie beten?

• Was bewegt Ihr Herz im Gebet?

• Wie ernst nehmen Sie Ihre Bitten und Ihre Fürbitten?

- Bleiben Sie im Gebet »am Ball«, oder springen Sie in Ihren Bitten hin und her?

- Sprechen Sie mit anderen über Gebet und motivieren Sie durch Erfahrungsaustausch und Problemmitteilungen zum Gebet?

- Können Sie von Gebetserhörungen berichten? Wann hatten Sie Ihre letzte Gebetserfahrung?

- Beten Sie ernstlich darum, dass Ihre Gemeinde neu vom Geist des Gebets erfasst wird?

Ich bekenne, dass mein Gespräch mit Gott nicht immer von Liebe, Hingabe und ernstem Verlangen geprägt war. Ich habe Zeiten der Dürre erlebt, Zeiten, in denen ich oberflächlich betete und in denen ich nur aus Pflichtbewusstsein Gottes Angesicht suchte. Ich gebe auch zu, dass die besondere Zeit, die ich im Gebet in Gottes Gegenwart verbringe, nicht jeden Tag gleich stark ist. Es gibt Schwankungen, aber ich weiß und bin zutiefst davon überzeugt, dass das intime Gespräch mit Gott ersatzlos wichtig ist. Es ist zweifellos die entscheidende Dimension in der persönlichen Beziehung zu Gott, und es ist auch die tragende Säule des gemeinsamen Gebets.

Hier muss ich ein Problemfeld ansprechen, das ich an mir selbst erfahren habe und das ich in Gesprächen auch bei anderen Christen feststellte. Es ist möglich, besonders wenn man als praktizierender Christ bekannt ist (als Pastor, Lektor, Hauskreisleiter, Mitarbeiter im Jugendtreff usw.), dass man in Gebetsversammlungen mitbetet, aber das persönliche Gespräch mit Gott leer und bedeutungslos geworden ist. Da werden, wenn man mit anderen zusammen ist, wunderbare und sehr eindrucksvolle Gebete gesprochen, aber man kennt nicht mehr die persönliche Stille vor Gott. Ich erinnere mich sehr genau an die Zeit, wo das bei mir so war. Ich hatte mein erstes selbstständiges Pastorat. Es gab eine Menge zu tun. Dabei trat das persönliche Gespräch mit Gott mehr und mehr zurück. In Gebetstreffen war ich noch voll drauf, aber wenn ich allein war, herrschte Funkstille. Wer aber Gott nichts zu sagen hat, wenn niemand zuhört, wer nicht in der persönlichen Stillen Zeit mit bewegtem Herzen anbeten, loben und danken kann, dessen Gebet ist auch in der Gebetsversammlung nichtssagend. Lassen Sie mich das offen sagen: Dann wird das öffentliche Gebet zur Show. Da stimmen vielleicht die Worte, aber es sind Worte ohne Leben, es sind Worte, die nicht nach oben gehen. Das Fundament echter Gebetsgemeinschaft, die Wärme, Leben, Liebe und Kraft ausstrahlt, ist immer zuerst das persönliche Reden mit Gott.

Wenn die Tür aufknallt

Nach diesen zentralen Anmerkungen komme ich zur Sache: Als Titel dieses Buches habe ich »Gemeinsam Gott bestürmen« gewählt. Anlass dazu gab eine Beispielerzählung, die Pfarrer Johannes Busch in seinem lesenswerten Buch »Stille Gespräche« verwendet. Er schreibt: »Ich bin ein sehr glücklicher Vater über sechs Kinder. Mich macht das sehr glücklich, wenn das eine oder andere meiner Kinder zu mir kommt, um mit mir irgendeine äußere oder innere Not zu besprechen. Das sind die schönsten Stunden im Leben eines Vaters. Wenn aber in meinem Zimmer plötzlich die Tür aufknallt, und alle sechs kommen zu mir herein, um mich mit irgendeiner Sache zu bestürmen, dann kann ich nicht anders, dann muss ich sie hören.« (2)

Das ist ein treffendes Bild für Gebetsgemeinschaft.

- Das ist Gebetsgemeinschaft: Wenn zwei oder drei Christen Gott im Gebet bestürmen.
- Das ist Gebetsgemeinschaft: Wenn Verantwortungsträger der Gemeinde den Thron Gottes umlagern.
- Das ist Gebetsgemeinschaft: Wenn ein Hauskreis oder die ganze Gemeinde Gott in den Ohren liegt.
- Das ist Gebetsgemeinschaft: Wenn Kinder Gottes gemeinsam Gott anbeten, gemeinsam Gott loben, gemeinsam Gott danken, gemeinsam Gott bitten.

»Wenn zwei unter euch eins werden ...

... auf Erden, worum sie bitten wollen, so soll es ihnen widerfahren von meinem Vater im Himmel«

Viele Jahre begleitete mich bei den evangelistischen Einsätzen ein Mann, der bis zu seinem achtundfünfzigsten Lebensjahr Prokurist in einem Weltkonzern war. Mit fünfundfünfzig Jahren traf er seine Entscheidung für Jesus Christus. Gott zündete in ihm das Feuer der Retterliebe an. Unvergesslich bleibt für mich ein erster Gebetsgang mit ihm, den wir an einem Montag im Februar 1981, am zweiten Tag einer Evangelisation, in einem kleinen Ort unternahmen. Der Anlass dazu war Folgender: In der Evangelischen Kirche des Ortes hielt ich am Sonntagmorgen den Gottesdienst. Ich hatte eine aufgeschlossene Zuhörerschar und konnte mit großer Freiheit das Evangelium predigen. Dabei lud ich besonders zum evangelistischen Auftakt am Abend ein und motivierte die Zuhörer, ihre Freunde, ihre Nachbarn und Bekannten mitzubringen. Wir erwarteten eine volle Kirche. Aber wir wurden sehr enttäuscht. Der Besuch war am Abend mehr als mager. Kein Vergleich zum Gottesdienst am Morgen. Wir konnten uns das nicht erklären. Was hatte die Menschen abgehalten zu kommen? Noch am späten Abend trafen wir den Entschluss, am nächsten Tag, sehr früh, betend durch den Ort zu gehen. Es war das erste Mal, dass wir das taten, und es wurde zu einem stärkenden Erlebnis. Es war zwar kalt, aber in unseren Herzen brannte das Feuer des Gebets. Wir baten Jesus: »Herr, berühre diesen Ort mit deinem Geist. Bewege die Menschen, dass sie zu den Veranstaltungen am Abend kommen. Bestimme du die Atmosphäre und schenke es, dass Menschen dich als Erlöser und Herrn annehmen.« So beteten wir für die Menschen, die uns begegneten, wir beteten für die, die gerade beim Frühstück saßen, und wir beteten für die, die noch schliefen. Es war eine spannende und wunderbare Teamgebetszeit auf den Straßen. Und dann kam der Abend, und – welch eine Überraschung: die Kirche füllte sich. Am nächsten Abend mussten junge Leute im Altarraum sitzen, und an einem Abend war der Besuch so stark, dass einige nur noch unter dem Altar einen Platz fanden. Manche trafen in dieser Woche ihre Entscheidung für Jesus Christus. Das gemeinsame Gebet hatte die Situation verändert.

Es geschah, während wir beteten

Ein Jahr zuvor hatte Gott während einer solchen Zweiergebetszeit ein unvergessliches Erlebnis geschenkt. Mein Mitarbeiter hatte von Zeit zu Zeit ziemliche Probleme mit seiner Stimme. Bei einer Untersuchung stellte der Professor Stimmbandkarzinom fest. »Wir müssen leider den Kehlkopf entfernen. Sie werden ihre Stimme verlieren«, teilte er ihm mit. Eine niederschmetternde Diagnose. Schlaflose Nächte folgten, Angst, Fragen an Gott. Gott aber gab eine erste tröstende Antwort:

> *»Erkennet doch, dass der Herr seine Heiligen wunderbar führt; der Herr hört, wenn ich ihn anrufe.«*
> (Psalm 4,4)

»Herr Professor, ich bin als Bote Gottes unterwegs und brauche meine Stimme«, sagte der Mitarbeiter bei einer weiteren Konsultation. Daraufhin entgegnete der Professor: »Dann werde ich etwas tun, was ich bis jetzt nur in wenigen Fällen getan habe. Ich kann Ihnen jedoch auch bei diesem operativen Eingriff keine Garantie geben, dass Sie Ihre Stimme behalten.«

Wenige Wochen nach der Operation waren wir zu einem evangelistischen Vorbereitungsdienst mit dem Auto unterwegs. Mein Mitarbeiter begleitete mich, obwohl er nicht sprechen konnte. Es war unsere Gewohnheit, während der Fahrt zu beten. Wir taten es auch diesmal. Und dabei geschah es: Während er betete, zuerst kaum hörbar, wurde seine Stimme immer klarer, und als er staunend »Amen« sagte, konnte er normal sprechen. Viele Jahre sind inzwischen vergangen, und noch immer predigt er das Evangelium.

Die besondere Gebetsverheißung

> *»Wahrlich, ich sage euch: Wenn zwei unter euch eins werden auf Erden, worum sie bitten wollen, so soll es ihnen widerfahren von meinem Vater im Himmel. Denn wo zwei oder drei versammelt sind in meinem Namen, da bin ich mitten unter ihnen.«*
> (Matthäus 18,19.20)

Jesus Christus spricht im 19. Vers die kleinste Zelle menschlicher Gemeinschaft an: *»Wenn zwei unter euch ...«*. In Vers 20 erweitert er dieses Gebetsteam, indem er sagt: *»Denn wo zwei oder drei versammelt sind«*. Die hier skizzierte Zellgruppe trifft sich, um gemeinsam ihre Bitten vor Gott auszusprechen: *»... worum sie bitten wollen«*. Und Jesus Christus verspricht, dass er bei diesem Gebetstreffen dabei ist: *»... da bin ich mitten unter ihnen«*.

Beachten Sie bitte, dass es hier nicht um irgendein christliches Treffen geht. Es geht nicht um Bibelstudium oder um Erfahrungsaustausch. Es geht nicht um einen missionarischen Einsatz oder Seelsorge. Es geht nicht um gemeinsames Singen christlicher Lieder oder um andere christliche Aktivitäten. Es geht um ein Gebetstreffen. *»... worum sie bitten wollen«*, erklärt Jesus. Ich betone das deswegen, weil ich sehr oft hörte, wie Christen sich auf diese Verheißung der besonderen Gegenwart des Sohnes Gottes bei allen möglichen und unmöglichen christlichen »Meetings« berufen haben. Dabei hat man die beiden oben zitierten Verse der Bibel einfach auseinander gerissen und nur den zweiten Satz zitiert. Das klingt dann so:

> *»Wo zwei oder drei versammelt sind in meinem Namen, da bin ich mitten unter ihnen.«*

Das »*denn*«, mit dem der Satz beginnt, wurde bewusst oder unbewusst weggelassen. Aber genau dieses »*denn*« stellt die Verbindung zu der vorhergehenden Aussage her. Und dabei geht es um das gemeinsame Gebet. Jesus hat nicht versprochen, dass er immer und überall persönlich anwesend ist, wenn zwei oder drei Christen sich treffen. Er sagte, dass er mitten unter denen ist, die sich zum Gebet versammeln.

Das ist der eine Teil dieser Zusage. Der andere Teil dieser Gebetsverheißung besagt, dass Gott Gebete erhören wird, wenn die Beter in ihren Bitten übereinstimmen und wenn die Beter innerlich eins sind. Jesus spricht vom »*... eins werden auf Erden.*« Im Himmel scheint es keine Probleme mehr mit diesem »*eins werden*« zu geben. Aber auf der Erde, wo es so viele verschiedene Wünsche, Vorstellungen und Temperamente gibt, ist dieses Einssein immer eine Wirkung des Heiligen Geistes.

Einheit im Bitten

Wenn eine kleine Gebetszelle sich zu einer Gebetsgemeinschaft trifft, ist es wichtig, die Gebetsanliegen vor dem Gebet mitzuteilen und sich darüber auszutauschen, ob man sie gemeinsam vor Gott vertreten kann. Auf keinen Fall sollte es zu einem »Kraut und Rüben-Gebet« kommen, bei dem jeder Beter gerade das vor Gott ausspricht, was ihm in den Sinn kommt. Einheit, im Blick auf Gebetsbitten, kann es nur geben, wenn diese Bitten vorher bekannt sind. Dabei können Erklärungen gegeben werden. Rückfragen sind möglich. Einwände können offen ausgesprochen werden. Gebetsprioritäten können festgelegt werden. Es geht also erstens um Einheit in den Anliegen. Jeder Teilnehmer sollte das Anliegen oder die Bitten des anderen auf sein Herz nehmen. Er sollte bei jeder Bitte, die vor Gott ausgesprochen wird, innerlich mitbeten, mitflehen, mitringen können. Es darf nicht so sein, dass, während einer der Beter seine Bitte ausspricht, der andere *seine* Bitten vor Augen hat und in Gedanken *sein* Gebet formuliert. Übereinstimmung in den Gebetsanliegen heißt also, dass jeder Beter ungeteilt hinter jeder Gebetsbitte, die von den Teilnehmern eingebracht wird, steht. Die zwei oder drei Stimmen der Beter müssen zu einer Stimme werden. Praktisch kann das so aussehen, dass jeweils nur *ein* Gebetsanliegen mitgeteilt wird, notwendige Informationen dazu weitergegeben werden und dann in einer Gebetsrunde das Anliegen von allen vor Gott ausgesprochen wird.

Das Gebetstagebuch

Da eine solche kleine Gebetszelle sich wahrscheinlich häufiger zum Gebet trifft, empfiehlt es sich, ein Gebetstagebuch zu führen, in das die verschiedenen Gebetsanliegen notiert werden. Ein solches Gebetstagebuch bewahrt erstens vor »Gebetssprüngen«, es bewahrt also davor, dass bei jedem Treffen neue Anliegen genannt werden und die vorhergehenden Gebetsbitten »unter den Tisch fallen«.

Ein Gebetstagebuch bewahrt zweitens auch vor oberflächlichen »Ein-Mal-Bitten«, also vor Bitten, die die Beter selbst nicht wirklich ernst nehmen, die sie einmal aussprechen und dann vergessen. Solche »Ein-Mal-Bitten« wird man wahrscheinlich nicht in ein Tagebuch eintragen. Da lohnt sich die Mühe des Schreibens nicht. Fürbitten und Bitten aber sollten so oft vor Gott ausgesprochen werden, bis sie erhört sind.

Drittens bietet ein Gebetstagebuch auch die Möglichkeit der Kontrolle. Man kann nachlesen, wann und wie Gott erhört hat. Und man kann sich im Gebetsteam darüber austauschen, warum Gebete nicht erhört wurden.

Die innere Einheit

Und dann geht es noch um ein tieferes Einssein, um eine Einheit, die über die Einheit der Gebetsbitten hinausgeht. Es geht um die innere, personale Einheit. Es geht um die Einheit, die allein die Liebe bewirken kann, um die Einheit, um die Jesus in seinem Gebet, das er für seine Nachfolger sprach, betete:

> *»... damit sie alle eins seien. Wie du, Vater, in mir bist und ich in dir, so sollen auch sie in uns sein, damit die Welt glaube, dass du mich gesandt hast. Und ich habe ihnen die Herrlichkeit gegeben, die du mir gegeben hast, damit sie eins seien, wie wir eins sind, ich in ihnen und du in mir, damit sie vollkommen eins seien.«* (Johannes 17,21-23)

In diesem kleinen Gebetsteam soll eine Atmosphäre der Liebe zu spüren sein, Achtung voreinander und Freude aneinander. Jeder nimmt jeden als Bruder und Schwester an. Was innerlich trennt, wird sofort in Liebe und Demut ausgesprochen und ausgeräumt. Es soll in allem volle Übereinstimmung herrschen. Die Bibel berichtet, dass die ersten Christen in Jerusalem *»ein Herz und eine Seele* (Apostelgeschichte 4,32) waren. Und der Apostel Paulus schreibt an die Gemeinden in Kleinasien:

> *»Seid darauf bedacht, zu wahren die Einigkeit im Geist durch das Band des Friedens.«* (Epheser 4,3)

Häufig wird darum auch eine Gebetszelle zu einer Seelsorgezelle. Sünde wird bekannt. Zweifel werden ausgesprochen. Nöte offen auf den Tisch gelegt. Versteckspiel voreinander ist der Killer der Gebetszelle. Wahrhaftigkeit und Ehrlichkeit ist die »Schlagkraft« eines gesunden Gebetsteams.

Die kleinste Gebetszelle

Wenden wir uns nach diesen grundlegenden Erklärungen über Gebetszellen zuerst dem 19. Vers zu. Jesus spricht von zwei Menschen, die gemeinsam ihre Bitten vor Gott aussprechen:

> *Wenn zwei unter euch eins werden auf Erden, worum sie bitten wollen, es soll ihnen widerfahren von meinem Vater im Himmel.*

Möglicherweise dachte Jesus zuerst an Ehepartner oder an eine intensive Zweierbeziehung, an eine Freundschaft. Denn hier ist die von Jesus erwartete innere Einheit normalerweise gegeben.

Neben meiner persönlichen Zeit mit Gott, mit der ich den Tag beginne, ist die Gebetsgemeinschaft mit meiner Frau die Zeit, auf die ich mich am meisten freue und die ich intensiv erlebe. Ich gebe zu, dass das nicht von Anfang an so war. Es bedurfte eines Lernprozesses in unserer Ehe. Dabei war meine Frau mir ein Vorbild. Sie sprach mich immer wieder daraufhin an. Sie motivierte mich zum gemeinsamen Gebet.

Wir beginnen diese Gebetszeit normalerweise mit einer gemeinsamen Bibellese und mit einem Austausch über den gelesenen Text. Oder wir teilen uns mit, was uns bei der vorangegangenen persönlichen Gebetszeit wichtig geworden ist. Gelegentlich singen wir anbetend Lobpreis- und Anbetungslieder und nehmen uns danach Zeit zur gemeinsamen Anbetung mit eigenen Worten. Aber den größten Teil dieser gemeinsamen Gebetszeit verbringen wir in der Fürbitte. Wir beten zuerst füreinander, dann für unsere beiden Töchter, danach für Menschen, die uns um Fürbitte gebeten haben. Wir beten für unsere Nachbarn und sprechen ihre Namen vor Gott aus. Es ist unser Anliegen, dass sie Jesus Christus kennen lernen und sich für ihn entscheiden. Dabei empfinden wir, wie wichtig die innere Einheit ist. Meinungsverschiedenheiten müssen aufgearbeitet werden und Vergebung und gegenseitige Annahme praktiziert werden. Dazu schreibt der Apostel Petrus:

> *Aber auch ihr Männer, verhaltet euch euren Frauen gegenüber einsichtig und verständnisvoll. Ihr müsst ihnen die Achtung und Hilfe entgegenbringen, die sie als die Schwächeren brauchen. Vergesst nicht, dass Gott in seiner Gnade allen das ewige Leben schenkt, Männern wie Frauen. Nichts soll zwischen euch stehen, das euch am gemeinsamen Gebet hindert.* (1. Petrusbrief 3,7; Hoffnung für alle)

Ich wiederhole die in unserem Zusammenhang entscheidende Aussage:

> *Nichts soll zwischen euch stehen, das euch am gemeinsamen Gebet hindert.*

Darum geht es. Ein Zweifaches sagt hier Gottes Wort:

Erstens: Für ein wirkungsvolles gemeinsames Gebet ist es wichtig, dass die Ehepartner liebevoll, in gegenseitiger Ehrerbietung miteinander umgehen. Wenn der Ehemann ein herrschsüchtiger Typ ist, rücksichtslos seinen Interessen lebt, erwartet, dass er nur bedient wird, dann, und ich drücke das sehr vorsichtig aus, hindert eine solche Lebensführung das gemeinsame Gebet. Bei einem solchen Verhalten muss schon der erste Satz im Hals stecken bleiben. Denn das wäre perfekte Heuchelei. Und wenn eine Frau an allem herumnörgelt, eine negative Grundhaltung hat und ihrem Mann ständig seine Fehler vorwurfsvoll unter die Nase reibt, dann ist das natürlich ebenso eine Gebetsblockade.

Die beste Grundhaltung für eine Ehe und für das gemeinsame Gebet finden Sie in der Bibel:

> »Nehmt einander an, wie Christus euch angenommen hat zu Gottes Lob« (Römer 15,7)

und:

> »Alle eure Dinge lasst in der Liebe geschehen!« (1. Korinther 16,14).

Wo diese Liebe verletzt wird, ist die Bitte um Vergebung und die Bereitschaft zu vergeben angesagt. So ist das gemeinsame Gebet in der Ehe geradezu ein Prüfstein für die Ehe. Wenn Ehepartner nicht miteinander beten können, ist die christliche Ehe nicht in Ordnung oder es ist das Christsein nicht in Ordnung.

Zweitens: Ehepartner sollen miteinander beten, das zeigt diese Mahnung des Apostels:

> »*Nichts soll zwischen euch stehen, das euch am gemeinsamen Gebet hindert.*«

Das gemeinsame Gebet in der Ehe ist also ein notwendiger und wesentlicher Teil der ehelichen Gemeinschaft.

Ein junger Pastor sagte in einer Predigt, dass seine Frau und er es sich vorgenommen haben, einmal im Monat miteinander zu beten. Es klang so, als wäre dieser Entschluss etwas Außergewöhnliches und ein Zeichen einer guten geistlichen Einstellung. Aber die Bibel zeigt, dass das gemeinsame Gebet in der Ehe etwas ganz Selbstverständliches sein sollte, etwas, was täglich geschehen soll.

Aus der Seelsorge

Einmal saß ich einem jungen Ehepaar gegenüber. Unser Gespräch begann damit, dass beide die Frage bewegten, wie sie wirkungsvoller für Gott leben können. Beide waren bereit, in der Gemeinde die Jugendarbeit zu übernehmen, und sie stellten sich sogar die Frage, ob sie nicht ihren Beruf aufgeben und hauptamtlich für das Reich Gottes arbeiten sollten. Im Laufe des Gesprächs sagte ich ihnen, dass sie diese Frage auch im gemeinsamen Gebet vor Gott aussprechen sollten. Daraufhin sahen sich beide etwas verlegen an und gaben dann zu, dass sie nur selten miteinander beten.

Ein älterer Mann, der mich um einen seelsorgerlichen Rat bat, bekannte, dass seine Ehe bedeutungslos geworden sei. Er und seine Frau hätten sich auseinander gelebt. Er besuchte am Sonntag den Gottesdienst in einer evangelikal ausgerichteten Gemeinde, während seine Frau in eine charismatische Gemeinde ging. Als ich ihn fragte, ob sie gemeinsam beten würden, sagte er: »Nein! Jedes betet für sich. Wir haben in unserer Ehe nur selten miteinander gebetet«.

Ein Auseinanderleben ist dort, wo man in der Ehe diesen wesentlichen geistlichen Bereich vernachlässigt, vorprogrammiert. Man kann nicht, ohne Schaden zu nehmen, an diesem Satz der Bibel vorbeigehen. Darum bitte ich Sie, sprechen Sie offen mit Ihrem Ehepartner über das gemeinsame Beten. Bitten Sie um Vergebung, wo Sie schuldig geworden sind. Überwinden Sie Stolz und Bedenken und wagen Sie diesen Schritt.

Zweierschaft

Dieses Beten in der kleinsten Zelle, das Beten zu zweit, kann auch in einer Freundschaft oder in einem missionarischen Zweierteam zu einer kraftvollen Erfahrung werden. Darf ich Sie hier an das

Gefängniserlebnis in Philippi, das Paulus und Silas hatten, erinnern. Sie können es in Apostelgeschichte 16 nachlesen. Alles begann damit, dass eine Wahrsagerin durch den Befreiungsdienst des Paulus ihre Wahrsagefähigkeit verlor. Da sie bis dahin prominente Kundschaft beriet, und ihre hellseherische Fähigkeit ihnen zu geschäftlichen Erfolgen verhalf, waren diese Leute verständlicherweise wütend auf Paulus und seinen Mitarbeiter. So starteten sie eine Hetzkampagne gegen die Apostel, schoben ihnen allerlei unwahre Dinge in die Schuhe und zerrten sie vor den Stadtrichter. Ohne Verhör und ohne Prozess wurden den Aposteln die Kleider vom Leib gerissen, man schlug sie mit Stöcken, schleppte sie ins Gefängnis und ließ sie in ein Foltergerät spannen. Da lagen sie nun in irgendeiner dunklen Ecke dieser Strafanstalt. Was sie dort in den ersten Stunden taten, wird uns zwar nicht berichtet, aber ich bin sicher, dass sie beteten. Denn können Sie sich vorstellen, dass zwei Männer, die man derart übel zugerichtet hatte, die gefesselt in einem Foltergerät hingen, plötzlich, also von einer Sekunde auf die andere Gott Loblieder singen und zwar so laut, dass es alle Gefangenen hören, wie uns die Bibel berichtet? Nein, diesem Lobpreis ging sicher ein stundenlanges gemeinsames Beten voraus. Da wurde die »Warum-Frage« an Gott gestellt. Da wurden Bitten ausgesprochen. Da wurde für die junge Christengemeinde gebetet, die nun in der ersten Bewährungsprobe stand. Und dabei erfüllte sie neue Hoffnung und der Glaube, dass Gott keine Fehler macht. Das gemeinsame Gebet stärkte sie, erfrischte sie, richtete sie auf, so dass es schließlich um Mitternacht zu diesem erstaunlichen Lobpreis kam. Das gemeinsame Gebet mündete ein in einen herrlichen Lobpreis aus der Tiefe. Nein, das war kein Lobpreis mit vorgehaltener Hand, kein erzwungener Lobpreis und auch kein berechnender Lobpreis. Sie wussten: Jesus ist Herr der Lage. Sie wussten, wir sind zuerst in der Hand des Sohnes Gottes und dann erst im Foltergerät und im Knast.

Was dieser gemeinsame Lobpreis auslöste, es war hundertprozentig der erste in diesem kalten und dunklen Verließ, berichtet die Bibel:

> *»Plötzlich aber geschah ein großes Erdbeben, so dass die Grundmauern des Gefängnisses wankten. Und sogleich öffneten sich alle Türen, und von allen fielen die Fesseln ab.«*
> (Apostelgeschichte 16,26)

Erinnern Sie sich an das, was Jesus gesagt hat? *»Wenn zwei unter euch eins werden ...«* Das erlebten Paulus und Silas. So wurde das gemeinsame Gebet zu einem starken Teamerlebnis. Denn die Apostel wurden nicht nur frei, sie konnten auch in dieser Nacht noch den Gefängnisdirektor und seine Familie zu Jesus führen. Das Gebet der beiden Boten Gottes führte zu einem ergreifenden Happy End. Das ist der Bericht der Bibel:

> *»Der Gefängnisaufseher führte die Apostel in sein Haus und deckte ihnen den Tisch und freute sich mit seinem ganzen Hause, dass er zum Glauben an Gott gekommen war.«*

Wer hätte einen solchen »Klimawechsel« Stunden zuvor für möglich gehalten?

Gebet berührte sein Herz

Erinnern Sie sich noch an den Gebetsraum in jener Bibelkonferenzstätte, von dem ich auf einer der ersten Seiten berichtete? Dort ereignete sich während einer Osterkonferenz Folgendes. Tag für Tag lief eine Zweiergebetskette von 7.00 Uhr bis 22.00 Uhr. Junge Leute, zum großen Teil Teenager, hatten ihre Gebetsanliegen auf kleine Zettel geschrieben und sprachen sie vor Gott aus.

An dieser Osterkonferenz nahm auch ein junger Mann teil, der mit Gott und dem Glauben überhaupt nichts am Hut hatte. Wenn ich mich recht erinnere, hatte seine Großmutter seine Teilnahme finanziert, und weil er sie nicht enttäuschen wollte, reiste er an. Das gemeinsame Singen ging ihm gegen den Strich. Die biblischen Vorträge langweilten ihn. Die Workshops am Nachmittag umging er elegant. Sein Gesicht drückte stets ein totales »Anti« aus. Aber da war etwas, was ihn neugierig machte: Zimmer 28, der Gebetsraum. »Was die bloß in dieser geheimnisvollen Bude treiben?«, fragte er sich. Und warum hatte man ihn dorthin noch nicht eingeladen. Das Mysteriöse reizte ihn. So schlich er sich eines Nachmittags vorsichtig und unauffällig in den Raum. »Whoh!« – da knieten zwei Mädchen und beteten. Er blieb wie angewurzelt stehen, denn plötzlich hörte er seinen Namen. Eines der Mädchen betete gerade für ihn. Sie betete mit einer solchen Liebe und Ernsthaftigkeit, dass es ihm ganz seltsam wurde. Was hatte eines der Mädchen soeben gesagt? »Herr Jesus, öffne Michael das Herz, dass er deine Liebe spürt.« Vorsichtig verließ er den Raum. Dieses Gebet und die Art, wie es gesprochen wurde, hatten ihn getroffen. Immer wieder sah er die beiden knienden Mädchen und hörte ihr Gebet. An diesem Abend traf er nach einem Seelsorgegespräch die Entscheidung, Jesus Christus nachzufolgen.

Ein Jahr später erlebte ich auf einer Jugendkonferenz im gleichen Hause Folgendes: Ich wurde an einem frühen Morgen während meiner Fürbittezeit an diesen jungen Mann erinnert, der nach dem Erlebnis im Gebetsraum sein Leben Jesus Christus anvertraut hatte. Das alles stand in diesen Augenblicken sehr lebendig vor mir, und der Geist Gottes bewegte mich, intensiv für Michael zu beten. Kurz danach ging ich in den Gebetsraum, in dem auch an dieser Konferenz eine Gebetskette geplant war. Ich griff in das Gebetskörbchen und nahm den oben liegenden Zettel heraus. Zu meiner großen Überraschung las ich: »Bitte betet für meinen Freund Michael, der vor einem Jahr hier zum Glauben an Jesus kam. Seit einiger Zeit hat er unheimliche Zweifel. Betet dafür, dass Gott neu zu seinem Herzen spricht und ihn in seine Gemeinschaft zurückholt. Danke. Andreas.

Entdecken Sie diesen erstaunlichen Zusammenhang zwischen der Erinnerung durch den Heiligen Geist in meiner Gebetszeit und dieser Gebetsbitte?

Ich möchte Sie zu einer Gebetszweierschaft ermutigen. Sie werden dabei Gottes Wunder erleben und sie werden entdecken, wie Ihre Ehe oder Ihre Freundschaft eine neue Tiefe bekommt.

»Wo zwei oder drei versammelt sind ...

... in meinem Namen, da bin ich mitten unter ihnen«

Während einer Evangelisation in der Schweiz sprach mich nach einer Veranstaltung eine Frau an. Bei einem Frauenfrühstück, an dem ich am Tag zuvor einen Vortrag gehalten hatte, hatte ich betont, dass eine gläubige Frau ein Brückenkopf für die Liebe Gottes in Ehe und Familie sei. Durch sie könne Gott den Ehepartner und die Kinder ansprechen und zu einer Lebensentscheidung für Jesus bewegen. Diese Aussage beunruhigte sie. Sie sagte: »Seit vierzehn Jahren bin ich Christ. Seit sieben Jahren bin ich verheiratet. Ich bete für meinen Mann. Aber er will überhaupt nichts mit Gott zu tun haben. Warum entscheidet sich mein Mann nicht für Jesus?«

Sie war total frustriert, besonders auch deswegen, weil sie miterlebte, wie Abend für Abend Menschen beim Ruf zur Entscheidung aufstanden und nach vorne kamen.

»Mein Mann war bis jetzt noch an keinem Abend in dieser Zelthalle. Was soll ich denn noch tun?«, das war die Frage, die sie sehr engagiert stellte.

Ich habe nach dieser Situationsschilderung meine Bibel geöffnet und ihr die Gebetsverheißung in Matthäus 18,20 gelesen. Dort hat Jesus seinen Jüngern und damit auch uns erklärt:

> *»Wahrlich, ich sage euch: Wenn zwei unter euch eins werden auf Erden, worum sie bitten wollen, es soll ihnen widerfahren von meinem Vater im Himmel. Denn wo zwei oder drei versammelt sind in meinem Namen, da bin ich mitten unter ihnen.«* (Matthäus 18,19.20)

»Wenn Ihre Gebete das erwünschte Ziel nicht erreichen, dann praktizieren Sie doch das, was Jesus hier gesagt hat. Suchen Sie sich eine oder zwei Mitbeterinnen. Treffen Sie sich mit ihnen ein oder zweimal in der Woche. Beten Sie in diesem Team für die Errettung Ihres Mannes. Führen Sie keine unnötigen Gespräche vor dem Gebet und nach dem Gebet. Beten Sie auch nicht nebenbei noch um diese und jene Dinge. Machen Sie sich eins vor Gott in diesem einen Anliegen und sprechen Sie es konkret, beständig und im Vertrauen aus.«

Fünf Monate nach diesem Gespräch schrieb mir jene Frau: »Ich treffe mich jeden Donnerstag mit zwei Frauen zum Gebet. Es ist für mich ein Erlebnis geworden, zu beten und erwartungsvoll zu beobachten, wie Gott handelt. Ganz anders als in den Jahren zuvor, wo ich nur gebetet, aber nichts erwartet habe.«

Das also war das erste Plus der Gebete in dieser Gebetszelle. Glaube wurde geweckt, Glaube, dass Gott jetzt auf Grund der Gebete handelt. Es war eine so starke Erwartung, dass jene Frau nach jedem

Gebetstreffen damit rechnete, dass sich ihr Mann inzwischen für Jesus Christus geöffnet hat.

Was sie nun weiter in ihrem Brief mitteilte, war so erstaunlich für mich, dass ich es mehrmals lesen musste. Sie schrieb: »Nun komme ich zum eigentlichen Punkt. Ich möchte meine Freude mit Ihnen teilen und Jesus Christus alle Ehre geben. Mein Mann erwachte am 8. Juni um 2.30 Uhr nachts und übergab sein Leben unter Tränen Jesus. Ist das nicht wunderbar? Ist unser Gott nicht unendlich groß? Obwohl er nie in eine Evangelisation ging und sehr selten in den Gottesdienst, hat Gott ihn zu sich gezogen.«

Dieses außergewöhnliche Eingreifen Gottes in jener Nacht ohne menschliches Zutun, ohne ein Gespräch über den Glauben, war das Resultat der erwartungsvollen Gebete.

Am Ende des Briefes teilte sie mir noch Folgendes mit: »Ich staune, wie Gott meinem Mann nun Christen an die Seite stellt, wie intensiv er die Bibel liest und wie er mit unseren Kindern betet. Mein Mann ist Oberstufenlehrer, und er konnte auch schon in seiner Schule von seinem Glauben berichten.«

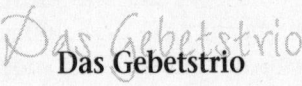

Das Gebetstrio

Wie Sie in dem oben genannten Gebetstext Matthäus 18,19+20 sehen können, erweitert Jesus nun diese kleinste Gebetszelle, die in Vers 19 beschrieben wird, von zwei auf drei Personen. Das

Duo-Gebetsteam wird zu einem Trio-Gebetsteam. Die »Gebetskraft« wird verstärkt. Die Gebetsunterstützung gewinnt an Dynamik. Aber das Entscheidende dieser Verheißung ist seine Gegenwart. Jesus sagt:

> *»Denn wo zwei oder drei versammelt sind in meinem Namen, da bin ich mitten unter ihnen«.*

Das sollte den Betern bewusst sein: Jesus Christus, der auferstandene Sohn Gottes, ist jetzt da. Und ihm ist gegeben »*alle Gewalt im Himmel und auf Erden*« (Matthäus 28,18). Das heißt doch, dass mit ihm die ganze Autorität des Himmels gegenwärtig ist. Alle Engel stehen ihm zur Verfügung. Er kann in »Existenz« bringen, was Bitte und Wunsch der Beter ist. Er ist der Gott, »*... der die Toten lebendig macht und ruft das, was nicht ist, dass es sei*« (Römer 4,17). Er erfüllt den Raum, in dem sich die Beter versammelt haben. Sie sprechen Auge in Auge mit ihm, auch wenn sie ihn nicht sehen.

Das erste Gebetstrio

An dieser Stelle möchte ich Ihnen das erste Gebetstrio der Bibel zeigen. Sie finden es in 2. Mose 17,8-16. Es ist ein Bericht von ungeheurer Dynamik.

Gottes Volk befindet sich in einer hoffnungslosen Situation. Das Volk der Amalekiter hatte Israel den Krieg erklärt. Sie waren erst wenige Wochen zu-

51

vor aus der Sklaverei Ägyptens befreit worden. Dort hatten sie Vieh gezüchtet und Ziegel für die monumentalen Bauten der Pharaonen gebrannt. Ich nehme an, dass keiner von ihnen jemals eine Waffe in der Hand hatte. Plötzlich diese vernichtende Herausforderung mit einem bis an die Zähne bewaffneten und durchtrainierten Feind. Das konnte nur ihr Untergang sein. Und so war auch die Stimmung im Volk: Angst und Depression. Aber Mose wusste um die Macht des Gebets. Er tat zwei Dinge. Er beauftragte Josua, eine Mannschaft zusammenzustellen und dem Feind entgegenzuziehen. Aber das war nicht alles, und das war nicht das Entscheidende. Er selbst ging mit zwei Betern, Aaron und Hur, auf einen Berg, von dem er das kriegerische Geschehen beobachten konnte. Und dort streckte er seine Hand Gott entgegen und betete. Hören Sie nun, was die Bibel sagt:

> *»Und wenn Mose seine Hand emporhielt, siegte Israel; wenn er aber seine Hand sinken ließ, siegte Amalek.«*

Wir wissen nicht, wann Mose oder Aaron oder Hur diese seltsame Entdeckung machten. Sicher ist nur, dass ihnen diese geistliche Kausalität, diese Verbindung von Ursache und Wirkung, der seltsame Zusammenhang zwischen erhobenen Händen und Sieg und heruntersinkenden Händen und Niederlage nicht von Anfang an bewusst war. Irgendeiner hat das bemerkt, entweder Mose oder Aaron oder Hur, und hat darauf aufmerksam gemacht. Ich stelle mir vor, dass Mose dann getestet hat. Er hob seine Hände betend empor. Dabei beobachteten die

Männer mit Spannung das kriegerische Geschehen. Und tatsächlich: Der Feind wurde Meter um Meter zurückgedrängt. Danach ließ Mose seine Hände sinken. Und die Männer sahen, dass sich plötzlich das Blatt wendete. Jetzt war Amalek mit seinem Heer im Vormarsch. Verluste auf der Seite Israels. Entsetzt riss Mose seine Arme wieder nach oben. Und da! Männer aus dem Heer der Syrer fielen erschlagen zu Boden.

Alle Zweifel waren beseitigt. Die Beter auf dem Berg wussten, was Sache war. Sie wussten, dass alles von ihnen abhing. Sie wussten, dass alles vom Gebet abhing. Sie wussten, dass alles von den erhobenen Händen abhing. Aber wie konnte Mose das durchhalten? Die Bibel berichtet:

> *»Aber Mose wurden die Hände schwer.«*

In dieser kritischen Lage entstand das erste »Gebetstrio«. Aaron und Hur unterstützten Mose im Gebet. Während Mose seine Hände noch mühsam emporhielt, schleppten sie einen Stein an, auf den Mose sich setzen konnte. Dann stellten sich beide Männer rechts und links neben Mose, griffen nach seinen Armen und hielten sie hoch. Ein mühevoller, total fordernder gemeinsamer Gebetskampf. Eine Stunde hielten sie Moses Hände hoch, zwei Stunden stützten sie ihn, drei Stunden, vier Stunden. Die Sonne brannte unbarmherzig vom Himmel. Aber es gab keine Alternative. Sie mussten durchhalten. Es ging um Sein oder Nichtsein. Die Zukunft des Volkes stand auf dem Spiel. Und die Bibel berichtet:

> »So blieben seine Hände erhoben, bis die Sonne
> unterging. Und Josua besiegte Amalek und sein
> Volk durch des Schwertes Schärfe.«

Wirklich? »... durch des Schwertes Schärfe?« War es
nicht das Gebetsteam auf dem Berg, das den Ausschlag gab? Zweifellos! Die kämpfende Mannschaft
war »nur« die sichtbare Seite des Sieges. Die Beter
waren die »unsichtbare Macht«. Den Ausschlag gaben die Beter, aber zweifellos war auch die einsatz-
bereite Truppe ein wichtiger Faktor.

Für mich ist dieser Überfall in der Wüste ein Bild für
die Situation der Gemeinde Jesu. Gemeinde, die
unterwegs ist; Gemeinde, die vorwärts geht; Gemeinde, die kein Getto-Dasein führt; Gemeinde,
die sich nicht gemütlich zur Ruhe setzt und mit
dem Status quo zufrieden ist; Gemeinde, die Menschen für Christus gewinnen will – eine solche Gemeinde wird erleben, dass »Amalek mit seinem
Heer«, d. h. »Satan und seine Handlanger«, angrei-
fen. Und dann genügt es nicht, dass Christen
mühsam ums Überleben kämpfen, dass sie treu ihre
Veranstaltungen durchführen. Dann braucht es die
betenden Teams. Dann sind die Männer und Frau-
en gefragt, die in Gebetsgruppen zu Gott rufen und
seinen Sieg erbitten. Dann ist der Gebetskampf
überlebenswichtig. Satan möchte die Gemeinde in
ihrem Siegeszug aufhalten und aufreiben. Beter
aber bringen den Sieg. Beter beten festgefahrene Situationen wieder flott. Evangelistisches Engagement ohne dieses Gebet ist Schaumschlägerei und
bringt nur Verluste. Betende Teams ohne evangelis-

tischen Einsatz, ohne das Wissen, wofür und wozu man betet, wird zur frommen Eigenbefriedigung. Aber ich habe den Eindruck, dass in unseren Breitengraden mehr die Beter fehlen, dass es in den Gemeinden an diesen einsatzbereiten Gebetszellen mangelt.

Gestatten Sie den Vergleich mit einem Auto. Bei einem Auto ist ein Dreifaches wichtig: Chassis, Karosserie und Motor. Ich vergleiche das Chassis im Blick auf die Gemeinde mit einem Gemeindezentrum, die Karosserie mit den Gemeindegruppen und den verschiedenen Veranstaltungen. Beides ist bei vielen Gemeinden auf dem modernsten Stand. Und doch gibt es kein echtes Vorwärts. Die Arbeit stagniert. Was fehlt, ist der Motor. Was fehlt, ist die geistliche Dynamik. Es hat einmal jemand gesagt: »Wir schieben das Auto der Gemeinde hin und her.« Das ist es. Betende Zellen könnten die Kraft sein, könnten der Motor sein, der wirklich vorwärts bringt.

Wie gründe ich eine Gebetszelle?

Wie sieht es in Ihrer Gemeinde an dieser Stelle aus? Gibt es diese gebetskampfbereiten Teams? Gibt es die Gebetszellen, in denen man sich gegenseitig die »Hände des Gebets« stützt? Gehören Sie zu einem solchen Team, das weiß, dass die Zukunft der Gemeinde auf dem Spiel steht? Und wenn nicht, sind Sie bereit, ein solches Team zu gründen? Ich möchte Sie auf jeden Fall dazu ermutigen. Sie könnten die Frau sein, Sie könnten der Mann sein, der eine solche Gebetszelle ins Leben ruft. Sie könnten die Frau sein, Sie könnten der Mann sein, der dieses Thema in der Gemeinde oder im Hauskreis zur Sprache bringt. Können Sie sich das vorstellen? Welche Empfindungen haben Sie beim Lesen dieser Zeilen? Springt Sie dieser Gedanke an? Ist das ein Impuls, der Sie bewegt? Oder ziehen Sie sich entschuldigend zurück. Haben Sie sofort Ausreden? Ich doch nicht. Ich bin zu jung, zu alt, zu beschäftigt, zu schüchtern, zu ... Ich bitte Sie, ernstlich darüber nachzudenken. Sie haben nicht umsonst zu diesem Buch gegriffen. Es gibt keine Zufälle.

Auf den folgenden Seiten möchte ich Ihnen einige Anregungen geben, wie Sie in Ihrer Gemeinde der Initiator einer Gebetsbewegung werden können.

Erstens: Die Priorität des Gebets erkennen

Vor allem müssen Sie überzeugt sein, dass Gebet der wichtigste Auftrag ist. Lesen Sie und überdenken Sie immer wieder das, was der Apostel Paulus an seinen jungen Mitarbeiter Timotheus schrieb:

> *So ermahne ich nun, dass man vor allen Dingen tue Bitte, Gebet, Fürbitte und Danksagung für alle Menschen, für die Könige und für alle Obrigkeit.«*
> (1. Timotheus 2,1+2)

Der Begriff »ermahnen«, den Paulus hier verwendet, kann auch mit beschwören übersetzt werden. Er hat einen enormen Dringlichkeitscharakter. Er ist ein starker Aufruf – ein Dienstauftrag von Gott. Dahinter steht kein Bischof, kein Pastor, kein Evangelist. Das hat nichts mit Lust und Laune zu tun. Gott gibt den Auftrag. Es ist ein Befehl aus dem Hauptquartier des Himmels. Gott sagt: Betet!

- Betet für Menschen, dass sie gerettet werden!
- Betet für die Gemeinde, dass sie zum Stoßtrupp der Liebe Gottes wird!
- Betet für den Ort, an dem Ihr wohnt, dass Gottes Heiliger Geist zum Zug kommt.
- Betet!

Und Gebet soll »*vor allen Dingen*« geschehen. Das heißt jedoch nicht, dass vor jeder Tätigkeit ein Gebet gesprochen werden soll. Das kann zur gewissensberuhigenden Tradition werden, zur Routine, zur bloßen religiösen Pflichterfüllung. »*... vor allem*«, das ist eine qualitative Aussage. Sie besagt, dass das Gebet absolute Priorität haben soll, es soll an erster Stelle stehen, es soll alles prägen und beeinflussen. Davon müssen Sie überzeugt sein, wenn Sie eine Gebetsbewegung in Ihrer Gemeinde starten wollen. Davon müssen Sie überzeugt sein, wenn Sie eine Gebetszelle ins Leben rufen möchten. »Nichts ist so wichtig wie Gebet«, das muss Ihre tiefe Überzeugung sein, nicht nur ein Wissen, sondern ein Davon-Ergriffensein. Nicht nur, weil es so in der Bibel steht, sondern weil es Gottes Geist in Ihr Herz gelegt hat. Ohne Gebet läuft nichts! Und was ohne Gebet in der Gemeinde läuft, ist Leerlauf oder Irrlauf.

Zweitens: Über Gebet sprechen

Sprechen Sie mit anderen über die Bedeutung des Gebets! Wenn Sie eine Gebetsbewegung in Ihrer Gemeinde ersehnen, dann müssen Sie mit anderen über die Wichtigkeit des Gebets sprechen.

Der Apostel Paulus hat in seinen Briefen an Mitarbeiter und Gemeinden immer wieder auf den enormen Wert des Gebets hingewiesen. In jedem Brief, außer in einem, brachte er das Gebet zur Sprache. Dabei gebrauchte er erstens die Form des persönlichen Zeugnisses. Er sprach von *seinem* Gebet, von *seinem* Gespräch mit Gott. Die Christen haben gelesen und gehört, welchen Stellenwert das Gebet im Leben des Apostels hatte.

Die Christen in Rom sollten wissen:

> *Zuerst danke ich meinem Gott durch Jesus Christus für euch alle, dass man von eurem Glauben in aller Welt spricht. Denn Gott ist mein Zeuge, dem ich in meinem Geist diene am Evangelium von seinem Sohn, dass ich ohne Unterlass euer gedenke und allezeit in meinem Gebet flehe, ob sich's wohl einmal fügen möchte durch Gottes Willen, dass ich zu euch komme.* (Römer 1,8-10)

Den Christen in Korinth schrieb er:

> *Ich danke meinem Gott allezeit euretwegen für die Gnade Gottes, die euch gegeben ist in Christus Jesus.* (1. Korinther 1,4)

Die Christen in Kleinasien haben gelesen:

> *Darum auch ich, nachdem ich gehört habe von dem Glauben bei euch an den Herrn Jesus und von eurer Liebe zu allen Heiligen, höre ich nicht auf, zu danken für euch, und gedenke euer in meinem Gebet.* (Epheser 1,15+16)

Den Christen in Philippi teilte er mit:

> *Ich danke meinem Gott, sooft ich euer gedenke – was ich allezeit tue in allen meinen Gebeten für euch alle, und ich tue das Gebet mit Freuden.* (Philipper 1,3+4)

Die Christen in Kolossä hörten:

> *Wir danken Gott, dem Vater unseres Herrn Jesus Christus, allezeit, wenn wir für euch beten.* (Kolosser 1,3)

Den Christen in Thessaloniki erklärte er:

> *Wir danken Gott allezeit für euch alle und gedenken euer in unserm Gebet und denken ohne Unterlass vor Gott, unserm Vater, an euer Werk im Glauben und an eure Arbeit in der Liebe und an eure Geduld in der Hoffnung auf unsern Herrn Jesus Christus.* (1. Thessalonicher 1,2+3)

Und seinem jungen Mitarbeiter Timotheus schrieb er:

> *Ich danke Gott, dem ich diene von meinen Vorfahren her mit reinem Gewissen, wenn ich ohne Unterlass deiner gedenke in meinem Gebet, Tag und Nacht.* (2. Timotheus 1,3)

Dieses offene Bekenntnis des Apostels zum Thema Gebet war sicher für die Leser der Briefe damals eine Motivation zum Gespräch mit Gott. Es wirkte ansteckend. Es machte nachdenklich. Darum meine Bitte: Sprechen auch Sie, wo es angebracht ist, demütig, aber offen, über Ihr Reden mit Gott. Berichten Sie, wie Sie Ihre »Stille Zeit« gestalten. Erzählen Sie davon, wie wichtig Ihnen das Gebet für Ihre Nachbarn, Ihre Arbeitskollegen oder Ihre Mitschüler ist. Bezeugen Sie, wie Sie Anbetung praktizieren. Der andere wird dabei spüren, wie sehr Ihnen das Gebet am Herzen liegt. Und das motiviert. Das regt an oder auch auf. Vielleicht wird der eine oder andere Fragen stellen. Dann können Sie helfen, indem Sie Ihre Erfahrungen weitergeben.

Der Apostel Paulus hat jedoch nicht nur über seine Gebetspraxis gesprochen, sondern er hat auch klar und konkret zum Gebet aufgerufen. Er hat die Aktualität und die Bedeutsamkeit des Gebets erklärt.

Die Christen in Rom bat er dringlich:

> *Ich ermahne euch aber, liebe Brüder, durch unsern Herrn Jesus Christus und durch die Liebe des Geistes, dass ihr mir kämpfen helft durch eure Gebete für mich zu Gott.* (Römer 15,30)

Den christlichen Ehepaaren in Korinth gab er den Rat:

> *Entziehe sich nicht eins dem andern, es sei denn eine Zeit lang, wenn beide es wollen, damit ihr zum Beten Ruhe habt; und dann kommt wieder zusammen, damit euch der Satan nicht versucht, weil*

ihr euch nicht enthalten könnt.«
(1. Korinther 7,5)

Die Christen in Kleinasien motivierte er:

»Ermuntert einander mit Psalmen und Lobgesängen und geistlichen Liedern, singt und spielt dem Herrn in eurem Herzen und sagt Dank Gott, dem Vater, allezeit für alles, im Namen unseres Herrn Jesus Christus.« (Epheser 5,19+20)

Den Christen in Philippi schrieb er:

»Sorgt euch um nichts, sondern in allen Dingen lasst eure Bitten in Gebet und Flehen mit Danksagung vor Gott kundwerden! (Philipper 4,6)

Die Christen in Kolossä forderte er auf:

»Seid beharrlich im Gebet und wacht in ihm mit Danksagung! Betet zugleich auch für uns, dass Gott uns eine Tür für das Wort auftue und wir das Geheimnis Christi sagen können, um dessentwillen ich auch in Fesseln bin, damit ich es offenbar mache, wie ich es sagen muss.« (Kolosser 4,2-4)

Den Christen in Thessaloniki rief er zu:

»... betet ohne Unterlass.«
(1. Thessalonicher 5,17)

Und seinem Mitarbeiter Timotheus teilte er mit:

»So will ich nun, dass die Männer beten an allen Orten und aufheben heilige Hände ohne Zorn und Zweifel.« (1. Timotheus 2,8)

Sprechen Sie bei Begegnungen mit Christen, in Hauskreisen, bei Mitarbeiterbesprechungen und anderen Gelegenheiten über die Bedeutung des Gebets. Sie können dabei die oben angeführten Gebetstexte der Bibel zitieren und so zum gemeinsamen Gebet motivieren.

Und drittens berichtet die Bibel über Gebetserfahrungen und Gebetserhörungen. Dabei soll deutlich werden, dass Gebet keine theoretische oder meditative Angelegenheit ist, also keine Tätigkeit, die keinen Bezug zum realen Leben hat. Gebet löst konkrete Reaktionen aus. Wer betet, erlebt. Wer betet, bekommt Antwort.

Ich erinnere Sie hier nur an einige erstaunliche und mutmachende Gebetserfahrungen, die der Evangelist Lukas in der Apostelgeschichte berichtet.

Im vierten Kapitel lesen Sie, dass die Christen in Jerusalem in einer Gebetsversammlung neu mit dem Heiligen Geist erfüllt wurden. Der Anlass dieses Gebetstreffens war aktuell. Petrus und Johannes hatten Redeverbot erhalten. Unter Androhung von harten Strafen war ihnen von höchster Stelle untersagt worden, den Namen Jesus öffentlich zu nennen. Dieses Problem löste eine Gebetsversammlung aus. Gottes Antwort auf Grund der Gebete war eindeutig:

> *Als sie gebetet hatten, erbebte die Stätte, wo sie versammelt waren; und sie wurden alle vom Heiligen Geist erfüllt und redeten das Wort Gottes mit Freimut.* (Vers 31)

Im neunten Kapitel wird berichtet, dass in Joppe eine sozial stark engagierte Frau krank wurde und starb. Die Christen riefen Petrus, unterrichteten ihn über alles, was jene Frau für sie getan hatte, und beklagten ihren Tod. Der Berichterstatter Lukas schreibt:

> *»Und als Petrus sie alle hinausgetrieben hatte, kniete er nieder, betete und wandte sich zu dem Leichnam und sprach: Tabita, steh auf! Und sie schlug die Augen auf; und als sie Petrus sah, setzte sie sich auf. Er aber gab ihr die Hand und ließ sie aufstehen.«* (Apostelgeschichte 9,40+41)

Im zwölften Kapitel wird anschaulich erzählt, wie die Gemeinde in Jerusalem Petrus, der inhaftiert war und hingerichtet werden sollte, in einer Mammutgebetsversammlung freibetete. Die Gläubigen beteten einige Tage und Nächte ununterbrochen. Und das war die Wirkung:

> *»Und siehe, der Engel des Herrn kam herein, und Licht leuchtete auf in dem Raum; und er stieß Petrus in die Seite und weckte ihn und sprach: Steh schnell auf! Und die Ketten fielen ihm von seinen Händen.«* (Apostelgeschichte 12,7)

Im dreizehnten Kapitel berichtet Lukas, wie nach einem mehrtägigen Fasten- und Gebetstreffen der Heilige Geist den Auftrag zur Mission erteilte. Es war die Geburtsstunde der Weltmission:

> *»Als sie aber dem Herrn dienten und fasteten, sprach der Heilige Geist: Sondert mir aus Barnabas und Saulus zu dem Werk, zu dem ich sie berufen habe.«* (Apostelgeschichte 13,2)

Im sechzehnten Kapitel wird geschildert, wie Gott auf das Gebet der Apostel Paulus und Silas mit einem Erdbeben antwortete. Sie waren in Philippi inhaftiert. Man hatte sie ausgepeitscht und in ein Foltergerät gespannt. Als sie dann gegen Mitternacht Gott lobten, geschah es:

> *»... die Grundmauern des Gefängnisses wankten. Und sogleich öffneten sich alle Türen, und von allen fielen die Fesseln ab.«*
> (Apostelgeschichte 16,26)

Das alles sind lebendige Beispiele, die zum Gebet des Glaubens ermutigen. Und bedenken Sie: Die Apostelgeschichte hört nicht mit dem 28. Kapitel auf. Sie hat Millionen Kapitel. Bis in unsere Tage hinein bezeugen auf allen Kontinenten der Erde Christen, wie Gott ihre Gebete erhörte. Auch Sie dürfen zu der Schar der Zeugen gehören.

Drittens: Angriffe einkalkulieren

Kalkulieren Sie Angriffe des Feindes ein. Beter, und besonders die, die Wert darauf legen, dass es zu einer Gebetsbewegung in der Gemeinde kommt, stehen unter dem Sperrfeuer der Hölle. Satan wird alles einsetzen, um dieses Ansinnen zu blockieren. Und er wird dazu als besonders geeignete Werkzeuge natürlich auch angesehene und verantwortliche Mitarbeiter der Gemeinde benützen. Vielleicht wird der Pastor Sie darauf hinweisen, dass es schon zu viele Veranstaltungen in der Gemeinde gibt und die Verantwortungsträger nicht überfordert werden dürfen. Mitarbeiter werden einwenden, dass die Kräfte nicht aufgesplittert werden sollten. Die Dienstgruppenleiter werden befürchten, dass ihnen Personal abgezogen wird. Es wird Gegenwind von verschiedenen Seiten geben. Lassen Sie sich nicht entmutigen. Das ist normal. Satan wird das am meisten zu verhindern versuchen, was ihm am meisten schadet – und das ist Gebet. Er wird Blockaden aufrichten. Er wird Sie entmutigen. Er wird Sie einschüchtern. Er wird als der erfahrene »Diabolos« die Fackel des Streits, der Zwietracht, der Uneinigkeit auch unter die Gebetswilligen werfen. Er wird also alle Hebel in Bewegung setzen, dass Sie keine Gebetszelle gründen und dass es zu keiner Gebetsbewegung in Ihrer Gemeinde kommt. Aber auch hier gilt:

> »*Widersteht dem Teufel, so flieht er von euch.*«
> (Jakobus 4,7)

Gehen Sie also nüchtern an die Sache heran. Rechnen Sie nicht damit, dass Ihr Anliegen mit fliegenden Fahnen aufgenommen wird. Stellen Sie sich auf Widerstand und auf Gegenwind ein und bedenken Sie dabei, woher der Wind – oder der Sturm – weht. Und (bitte lesen Sie die nächsten Sätze besonders aufmerksam) kämpfen Sie nicht gegen »Fleisch und Blut«. Kämpfen Sie nicht gegen Menschen, die für Ihr Anliegen kein Verständnis haben, die Ihnen Steine in den Weg werfen. Verdächtigen Sie nicht. Reden Sie nicht negativ über sie. Werden Sie nicht aggressiv. Das wäre die total falsche Offensive. Dann würden Sie frontal ins Messer des Teufels rennen. Kämpfen Sie gegen den, der unsichtbar dahinter steht. Kämpfen Sie gegen den, der die eigentliche Blockade ist: Satan. Kämpfen Sie mit geistlichen Waffen, mit der Rüstung, die die Bibel im Epheserbrief Kapitel 6 beschreibt. Kämpfen Sie besonders mit dem »Schwert des Geistes«, dem Wort Gottes, und mit der Waffe, die Satan am meisten hasst und fürchtet, mit der Waffe des Gebets. Und halten Sie daran fest, dass Jesus der Sieger ist und dass Sie in seinem Sieg leben und handeln dürfen. Ich habe dieses Kapitel nicht geschrieben, um Sie zu entmutigen, sondern um Sie zu bewahren. Wer den Feind nicht erkennt, wird schnell von ihm in Hinterhalte gelockt und verwundet. Wer ihn aber erkennt, wird sich die Kraft zum Kampf von dem holen, der »alle Macht hat im Himmel und auf Erden«, von Jesus Christus.

Viertens: Gebetsverheißungen anwenden

Lassen Sie sich von den Gebetsverheißungen inspirieren. Dazu möchte ich Sie besonders ermutigen. Lesen Sie immer wieder die Sätze der Bibel, die zum Gebet motivieren, zum treuen Gebet, zum hingebungsvollen Gebet, zum vertrauensvollen Gebet. Dabei denke ich besonders an die sieben »Gebetsgutscheine«, die Sie im Johannesevangelium finden. Die Zahl sieben ist die Zahl der Vollkommenheit. Sie entdecken Sie immer wieder in der Bibel. Sie bedeutet, dass Gott hier keinen Abstrich macht. Sie bedeutet, dass hier nichts mehr hinzuzufügen ist. Im Folgenden nenne ich diese sieben vollkommenen Gebetsverheißungen und kommentiere Sie kurz.

Die erste Gebetsverheißung:

> »*Was ihr bitten werdet in meinem Namen, das will ich tun, damit der Vater verherrlicht werde in dem Sohn.*« (Johannes 14,13)

Warum will Jesus Ihre Bitte um eine Gebetszelle, um einen einsatzbereiten Gebetspartner erhören? »*Damit der Vater verherrlicht werde ...*« Es geht Jesus Christus um die Verherrlichung des Vaters, und es muss Ihnen um die Verherrlichung des Vaters gehen. Die Gründung einer Gebetszelle darf kein persönlich egoistisches Anliegen sein und es darf kein gemeindeegoistisches Anliegen sein. Es geht nicht um Sie, um Ihr geistliches Vorwärtskommen; es geht nicht um die Gemeinde, zu der Sie gehören, um geistlichen Einfluss, um Ausstrahlung und Wachstum, sondern es geht um die Ehre Gottes. Prüfen Sie an Hand dieser Verheißung Ihre Motive.

Die zweite Gebetsverheißung:

> »*Was ihr mich bitten werdet in meinem Namen, das will ich tun.*« (Johannes 14,14)

Sie dürfen die Bitte um eine wirkungsvolle Gebetszelle und um einen geistlichen Gebetsaufbruch in der Gemeinde vor Jesus aussprechen. Er und der Vater sind die autorisierten Ansprechpartner. »*Was ihr mich bitten werdet*«, hat offenbar Jesus hier besonders betont, weil er wusste, dass es Christen geben wird, denen die Frage nach dem göttlichen Ansprechpartner Schwierigkeiten bereitet. »Sollen wir nur den Vater bitten oder dürfen wir auch den Sohn ansprechen?«, lautet die häufig gestellte Frage. »*Ich und der Vater sind eins*«, sagte Jesus. Das gilt auch, wenn wir beten und bitten.

Die dritte Gebetsverheißung:

> »*Wenn ihr in mir bleibt und meine Worte in euch bleiben, werdet ihr bitten, was ihr wollt, und es wird euch widerfahren.*« (Johannes 15,7)

Ihre Bitten, und es geht ja um eine Gebetszelle, um einen Gebetspartner, um eine Gebetsbewegung, werden erhört, wenn Sie Ihr Leben in der Gemeinschaft mit Jesus Christus führen. Ihre Beziehung zu Jesus Christus darf nicht nur ein Kontakt sein, eine »Stille-Zeit-Beziehung«, eine »Sonntagmorgen-Beziehung«, eine »Ab-und-zu-Beziehung«. Es muss eine Lebensbeziehung sein. Jesus Christus nennt es: »*Wenn ihr in mir bleibt*«.

Und das andere, was Jesus als Voraussetzung für Gebetserhörungen nennt, ist Ihre innere Stellung zum Wort Gottes. Gottes Wort soll nicht nur in Ihrem Verstand »lagern«, wie Saat, die an der Oberfläche liegt. Gottes Wort muss in Ihr Herz kommen, an den Kern der Persönlichkeit. Gottes Wort muss Ihr Leben, Ihre Einstellung, Ihre Reaktionen prägen und verändern können. Dann wird Ihr Bitten um eine Gebetszelle Christus-zentriert und Wort-zentriert sein.

Die vierte Gebetsverheißung:

> *»Nicht ihr habt mich erwählt, sondern ich habe*
> *euch erwählt und bestimmt, dass ihr hingeht und*
> *Frucht bringt und eure Frucht bleibt, damit, wenn*
> *ihr den Vater bittet in meinem Namen, er's euch*
> *gebe.«* (Johannes 15,16)

Es geht um *»Frucht«* auch im Blick auf die Gründung einer Gebetszelle. Es darf nicht eine neue Aktivität sein, nicht ein neues Werk, nicht eine weitere Gruppe unter den Gemeindegruppen. *»Frucht«*
ist entscheidend. Und der Kontext zeigt, dass es
hier um Rettung von Menschen geht, darum, dass
Menschen für Christus gewonnen werden. Das
muss Ihre Bitte um eine Gebetszelle, um einen Gebetspartner, um eine Gebetsbewegung prägen. Dieser Gebetsdienst darf nicht zu einer frommen
Selbstbefriedigung werden. Gottes Sache muss kon-
kurrenzlos im Mittelpunkt stehen.

Die fünfte Gebetsverheißung:

> *»Wahrlich, wahrlich, ich sage euch: Wenn ihr den*
> *Vater um etwas bitten werdet in meinem Namen,*
> *wird er's euch geben.«* (Johannes 16,23)

An dieser Stelle bekräftigt Jesus die Gebetsverheißung mit einem zweifachen »wahrlich«. Im
Grundtext finden Sie hier den Begriff »Amen«. Er
ist wie ein Schwur. Jesus will damit sagen, dass es
hier keinerlei Ausnahme von der Regel gibt.
»Amen, Amen«, das heißt: Die ganze Autorität Gottes und des Himmels steht dahinter.

Die sechste Gebetsverheißung:

> *»Bisher habt ihr um nichts gebeten in meinem Namen. Bittet, so werdet ihr nehmen, dass eure Freude vollkommen sei.«* (Johannes 16,24)

Das Reich Gottes ist auf Freude angelegt. Ihre Bitte um einen Gebetsaufbruch wird von Freude begleitet sein. Es wird Kampf geben, davon sprach ich bereits, aber das, was Gott durch Gebet tun wird, wird Freude auslösen.

Die siebte Gebetsverheißung:

> *»An jenem Tage werdet ihr bitten in meinem Namen. Und ich sage euch nicht, dass ich den Vater für euch bitten will.«* (Johannes 16,26)

Kinder Gottes haben Direktzugang zum Thron Gottes. Sie dürfen sich unmittelbar an den Vater wenden und sie dürfen sich direkt an den Sohn wenden. Beachten Sie dabei, dass Jesus Christus diese Verheißungen seinen Jüngern gab und dass er damals als Mensch vor ihnen stand. Wenn die Männer und Frauen, die mit ihm unterwegs waren, ein Problem hatten, dann wendeten sie sich an ihn. Er betete für sie. Seine Beziehung zum Vater war direkter, intensiver, unmittelbarer als die der Jünger. Nun war die Zeit gekommen, wo Jesus zum Vater zurückging. Die Jünger würden den Heiligen Geist empfangen und, mittels des Heiligen Geistes, die gleiche direkte und unmittelbare Beziehung zum Vater erhalten, wie Jesus sie hatte.

Sicher ist Ihnen aufgefallen, dass Jesus in sechs dieser Gebetsverheißungen jeweils betont *»in meinem Namen«*. Vielleicht fragen Sie: »Was bedeutet das?« *»... in meinem Namen«* meint: in völliger Übereinstimmung mit ihm. Es ist Bitten im Zentrum seines Willens. Es ist Wollen, was er will. Sehnen, was er ersehnt. Wünschen, was seinen Wünschen entspricht.

Fünftens: Den Gebetspartner erbeten

Beten Sie um einen einsatzbereiten und aufgeschlossenen Gebetspartner. Lassen Sie sich im Blick auf die Mitbeterinnen oder Mitbeter nicht allein von Ihren Gefühlen leiten. Gehen Sie auch nicht eilig auf irgendjemand zu, nur um schnell eine Gebetszelle gründen zu können. Beten Sie zuerst. Beten Sie fragend und hörend. Bewegen Sie die Frage nach einem geeigneten Gebetspartner in der Gegenwart Gottes. Ihr Gebetsteam muss von Gott zusammengestellt sein.

Als Jesus aus der großen Gruppe derer, die ihn umgaben und teilweise mit ihm unterwegs waren, seine zwölf Jünger erwählte, hat er sich nicht auf seine Menschenkenntnis verlassen. Als er diese Wahl traf, spielten Gesichtspunkte wie Sympathie, Persönlichkeitsstruktur, Alter und Herkunft keine Rolle. Die Bibel berichtet, dass er sich zum Gebet zurückzog und eine Nacht im Gespräch mit dem Vater verbrachte. In dieser Gebetsnacht hat Jesus sich von seinem Vater im Blick auf den engsten Jüngerkreis beraten lassen. Erst nach dieser intensiven Gebetszeit ging er am darauf folgenden Morgen auf die zu, die ihm der Vater gezeigt hatte, und berief sie. Sie waren es, die drei Jahre lang Tag und Nacht bei ihm waren. Sie hörten seine Worte. Sie sahen seine Wunder. Ihnen vertraute er sich an. Mit ihnen sprach er über die Zeichen der Endzeit und über die neue Welt. Sie, außer Juda Ischariot, standen unter dem Kreuz. Ihnen begegnete er nach seiner Auferstehung.

Weil eine Gebetszelle nur wirkungsvoll ist, wenn die Beter und Beterinnen sich in Offenheit begegnen und völlig eins sind, darum ist Ihr Gebet um den oder die von Gott vorgesehenen Mitbeter wichtig.

- Nur so können Sie die Durststrecken, die Sie erleben werden, gemeinsam siegreich durchstehen.
- Nur so können Sie die Phasen der Anfechtung, die nicht ausbleiben werden, gemeinsam überwinden.
- Nur so können Sie den Angriffen Satans und seiner Geister, die er von Zeit zu Zeit starten wird, wirkungsvoll entgegentreten.
- Nur so können Sie sich gegenseitig liebevoll die Arme stützen, wenn Sie oder ein Mitbeter ermüden und der Glaube wankt.

Sie werden sich an diese Sätze erinnern, wenn Sie ein Gebetsteam leiten. Sie sind nicht aus der Luft gegriffen. Sie beruhen auf Erfahrung.

Sechstens:
Die missionarische Dimension beachten

Machen Sie von Anfang an die missionarische Dimension des Gebets zum zentralen Faktor. Eine Gebetszelle wird entweder zu einer bedeutungslosen, sich um sich selbst und um die persönlichen Wehwehchen drehenden Gruppe, oder sie wird zu einer Rettungsmannschaft, zu einem Stoßtrupp, zu einem starken Faktor für die Sache Jesu. Brauchbar oder unbrauchbar, das ist die Frage. Der Zielgedanke ist entscheidend. Sie müssen von Ihrem ersten Gebetstreffen an Gottes Auftrag im Auge haben, und Gottes Auftrag ist Mission. Eine Führungspersönlichkeit im Bereich Mission sagte einmal: »Entweder wir sind Missionare, oder wir sind ein Missionsfeld.« Das gilt auch im Blick auf den Inhalt Ihres Gebetstreffens. Entweder Sie sind Missionare durch Gebet oder Sie selbst müssen missioniert werden. Hören Sie dazu einige zentrale Aussagen der Bibel:

Jesus Christus hat seinen Nachfolgern den Auftrag gegeben, der allem übergeordnet ist:

> *»Gehet hin in alle Welt und predigt das Evangelium aller Kreatur.«* (Markus 16,15)

Diesen Auftrag müssen Sie in Ihrer Gebetszelle betend aufgreifen und zum zentralen Faktor machen.

Wenige Minuten vor seiner Himmelfahrt, sagte Jesus noch einmal zu seinen Jüngern, was das Gebot der Stunde ist, bis er wiederkommen wird:

> »... ihr werdet meine Zeugen sein in Jerusalem und in ganz Judäa und Samarien und bis an das Ende der Erde.« (Apostelgeschichte 1,8)

Diese Tatsache – zum Zeugnis für Jesus in der ganzen Welt berufen – muss Mitte Ihres Gebetsteams sein.

Der Apostel Paulus, der erste Missionar mit Weltperspektive, hat *das* in einem persönlichen Zeugnis niedergeschrieben, was sich jeder Jünger und jede Jüngerin Jesu zu eigen machen sollte:

> »Denn obwohl ich frei bin von jedermann, habe ich doch mich selbst jedermann zum Knecht gemacht, damit ich möglichst viele gewinne. Den Juden bin ich wie ein Jude geworden, damit ich die Juden gewinne. Denen, die unter dem Gesetz sind, bin ich wie einer unter dem Gesetz geworden – obwohl ich selbst nicht unter dem Gesetz bin –, damit ich die, die unter dem Gesetz sind, gewinne. Denen, die ohne Gesetz sind, bin ich wie einer ohne Gesetz geworden – obwohl ich doch nicht ohne Gesetz bin vor Gott, sondern bin in dem Gesetz Christi –, damit ich die, die ohne Gesetz sind, gewinne. Den Schwachen bin ich ein Schwacher geworden, damit ich die Schwachen gewinne. Ich bin allen alles geworden, damit ich auf alle Weise einige rette.« (1. Korinther 9,19-22)

Das muss Motivation und Zielgedanke in Ihren Gebetstreffen sein. Das muss – ich betone dieses »Muss« mit Überlegung – Ihr gemeinsames Bitten und Flehen sein: *»Damit auf alle Weise einige gerettet werden«.*

Auf der letzten Seite der Bibel, in der Offenbarung Kapitel 22, wird das Thema, um das es in diesem Zeitalter geht, noch einmal markant zur Sprache gebracht. Dort lesen Sie:

> *»Und der Geist und die Braut sprechen: Komm! Und wer es hört, der spreche: Komm! Und wen dürstet, der komme und nehme das Wasser des Lebens umsonst.«* (Offenbarung 22,17)

Dieses dreifache *»Komm«* ist der dringliche, der eindrückliche, der unüberhörbare Ruf zu Gott. Der Heilige Geist ruft universal: »Komm!« Die Gemeinde Jesu ruft global: »Komm!« Wer diesen Ruf gehört hat und ihm gefolgt ist, der soll es lokal aussprechen: »Komm!« Das ist Mission.

Worum geht es also, wenn Sie sich zum Gebet treffen? Ich bringe das mit dem Satz auf einen Nenner, den Paulus an die Gemeinde in Korinth geschrieben hat: *»Damit auf alle Weise einige gerettet werden.«*

- Es geht um Rettung von Menschen. Es geht darum, dass einige Ihrer Nachbarn gerettet werden.
- Es geht darum, dass einige Ihrer Arbeitskollegen und -kolleginnen gerettet werden.
- Es geht darum, dass einige Ihrer Verwandten, einige Ihrer Bekannten, einige Ihrer Freunde gerettet werden.

- Es geht darum, dass einige Ihrer Mitschüler oder Mitstudenten gerettet werden.
- Es geht darum, dass Ihr Mann oder Ihre Frau gerettet wird.
- Es geht darum, dass Ihre Kinder gerettet werden.

Ich habe die uns am nächsten Stehenden aus dem Grund zuletzt genannt, weil wir natürlich zuerst an sie denken, und das ist völlig in Ordnung. Nicht in Ordnung ist es allerdings, wenn wir den Kreis derer, für die wir vor Gott eintreten, nicht erweitern, nicht aufsprengen und nur noch an die Allernächsten denken und für sie beten.

Stoßen Sie sich bitte auch nicht daran, dass ich permanent den Begriff »gerettet« verwendet habe. Es ist mir bekannt, dass er in christlichen Kreisen weithin verpönt ist. Ich habe ihn benützt, weil die Bibel ihn hier und auch an anderen Stellen gebraucht und weil er das Ereignis, um das es geht, am klarsten und eindrücklichsten wiedergibt. Aber Sie können es natürlich auch anders formulieren. Sie können von »zu Jesus finden« sprechen, oder Sie können »Jesus persönlich kennen lernen« sagen, oder Sie können »Christ werden« formulieren. Vielleicht finden sie eine ganz neue Benennung – warum nicht? Wichtig ist das Ereignis selbst. Und um dieses existenzielle Geschehen muss es in Ihren Gebetstreffen gehen.

Es hat sich bewährt, dass jeder der Beterinnen und Beter für drei oder vier Menschen betet, die noch keine persönliche Beziehung zu Jesus haben. Und es ist wichtig, dass Sie für diese Menschen solange beten, bis Gott Ihr Gebet erhört hat oder Sie eine spezielle Information vom Heiligen Geist empfangen.

Wenn ich davon sprach, dass die missionarische Dimension von Anfang an das zentrale Anliegen Ihrer Gebetszelle sein soll, heißt dies natürlich nicht, dass neben dieser missionarischen Fürbitte keine anderen Gebetselemente vorkommen dürfen. Auf keinen Fall darf Anbetung und Dank fehlen. Auch aktuelle Bitten, die die Mitbeter zur Zeit stark bewegen, sollten vor Gott ausgesprochen werden. Persönliche Nöte sollten Sie nicht verdrängen, aber sie dürfen nicht dominieren.

Siebtens: Zellteilung planen

Streben Sie die Teilung Ihrer Gebetszelle an. Eine Gebetszelle hat den Vorteil, dass sie sich zu einer multiplizierenden Gebetszelle entwickeln kann. Es sollte ja Ihr Ziel sein, dass Ihre Gebetszelle nicht die einzige in der Gemeinde ist. Sie wünschen sich eine Gebetserweckung, und Sie bewegt das Thema einer Gebetsbewegung innerhalb Ihrer Gemeinde oder an Ihrem Ort. Und das ist nur möglich, wenn Ihr Gebetsteam auf andere Beter ansteckend wirkt oder wenn Ihr Gebetsteam sich multipliziert. Es ist auf die Dauer »ungesund«, wenn die Beterinnen und Beter »unter sich bleiben«. Es ist ohne Zweifel wichtig, dass eine Gebetszelle stabil ist, dass es keinen ständigen Wechsel der Teilnehmer gibt. Aber nach einer Konsolidierungsphase sollte man überlegen, wen man als vierten Mitbeter einladen kann. Welche Überlegungen sind dabei zu beachten? Welche Entscheidungen müssen dabei getroffen werden? Wann ist der Zeitpunkt, an dem eine Gebetszelle geteilt werden sollte? Dazu noch einige Tipps.

Erstens: Sie sollten zwar den Gedanken der Zellteilung von Anfang an im Auge haben, aber er darf auf keinen Fall das Ziel Ihrer Zellgruppe sein und er sollte nicht das Klima Ihrer Gruppe prägen. Es ist wichtig, dass Sie, wenn Sie zu zweit beginnen, betend zu einer geistlichen Einheit werden. Konzentrieren Sie sich ganz auf Ihre Gebetsanliegen.

Zweitens: Nach einiger Zeit können Sie dann auch um einen weiteren Gebetsteilnehmer beten und sich darüber mit Ihrem Gebetspartner austauschen. Sie und Ihr Gebetspartner sollten ein ungeteiltes Ja zu der Person haben, die Sie ansprechen wollen. In einem Vorgespräch müssen Sie Auftrag und Ziel der Gebetsgruppe erklären und erfragen, ob der andere die Anliegen voll bejahen kann.

Drittens: Überfordern Sie den neuen Teilnehmer bei den ersten Gebetstreffen nicht. Erklären Sie jeweils, was Sie jetzt tun. Führen Sie ihn in die Anbetung ein, in die Fürbitte, in die Bitte. Sprechen Sie die Gebetsanliegen gründlich durch. Kurz: Erwarten Sie nicht, dass er sofort voll »mitmacht«. Geduld und Liebe sind jetzt gefragt.

Viertens: Erst nach Monaten des gemeinsamen Gebets sollten Sie die Frage eines vierten Mitbeters ansprechen. Auch hier gilt das unter Punkt zwei und drei Geschriebene.

Fünftens: Bevor es dann zu einer Zellteilung kommt, sollten alle Teilnehmer dieses Anliegen wirklich bejahen können. Danach ist es wichtig, dass jeder ein Ja zu dem Gebetspartner im neu gegründeten Team findet. Sie werden den Verlust der anderen Beter und Beterinnen in den ersten Wochen empfinden, aber bedenken Sie, dass das der einzig mögliche Weg ist, auf dem es zu einer Gebetsbewegung in Ihrer Gemeinde kommen kann.

Erfahrungen eines Gebetsmotivators

Ein junger Mann besuchte ein Gebetsseminar. Er wurde sehr stark angesprochen und traf die Entscheidung, in seiner Gemeinde das gemeinsame Gebet neu publik zu machen. In einem Brief teilte er mir seine Erfahrungen, die er dabei machte, mit:

»Ich habe zunächst Kassetten von Ihrem Gebetsseminar zusammen mit einem Anschreiben in der Gemeinde verteilt. Das stieß zum Teil auf großen Widerstand. In einer Nachbargemeinde haben das einige Christen erfahren. Sie beten jetzt intensiv dafür, dass die Gemeinde sich für das Gebet öffnet. Bis jetzt haben sich leider nur zwei Gebetsteams gebildet, die sich wöchentlich treffen. Allerdings hat auch unser Pastor einen Gebetskreis gegründet und sein Gebetsleben völlig umgestellt. Die Gemeindeleitung hat zum größten Teil die Bedeutung des gemeinsamen Gebets neu erkannt. Auch die Gemeinde weiß sehr wohl, dass man beten muss, aber es ereignet sich dennoch keine Kurskorrektur. Der Hauptgrund dafür ist, dass wir so sehr mit traditionellen Gemeindeaktivitäten beschäftigt sind, wie Bläserchor, Chöre, Mutter- und Kindkreis usw., so dass wir zum Beten und zum Menschenfischen keine Zeit mehr haben. Ich habe darüber schon mit meinem Pastor und einigen ›offenen‹ Ältesten gesprochen. Sie sehen das Problem schon ›irgendwie‹, aber niemand traut sich, den Terminplan konsequent umzustellen oder überhaupt nur daran zu rühren. Können Sie mir einige Tipps geben?«

Als ich den Brief gelesen hatte, habe ich zuerst einmal Gott für das gedankt, was jener junge, vom Gebet gepackte Christ in der Gemeinde bereits anstoßen konnte: Zwei Gemeindegebetskreise sind entstanden. Der Pastor hat einen Gebetskreis gegründet und selbst neu die Bedeutung des Gebets erkannt. Das Thema Gebet wurde intensiv ins Gespräch gebracht. Inzwischen konnte ich in dieser Gemeinde ein Gebetsseminar halten, das gut besucht war.

Ich gab jenem vom Gebet gepackten jungen Mitarbeiter den Rat, immer wieder Gott für das zu danken, was bereits geschehen ist, und weiterhin mit Geduld und Liebe als Gebetsmotivator in der Gemeinde tätig zu sein.

So möchte ich auch Sie ermutigen, das zentrale Thema der Nachfolge Jesu – Gebet – in Ihrer Gemeinde immer wieder zur Sprache zu bringen. Beginnen Sie mit kleinen Schritten: gründen Sie eine missionarische und dynamische Gebetszelle.

Ich möchte Ihnen noch zwei ermutigende Erfahrungen aus spontan gebildeten Gebetszellen mitteilen. Dabei werden Sie feststellen, dass es bei jeder dieser Erfahrung um Mission geht, also darum, dass Menschen Jesus Christus erleben und sich ihm anvertrauen.

Ein Atheist wird Christ

Eine Mitarbeiterin führte mit einer jungen Frau während einer Vortragswoche ein Seelsorgegespräch. Diese junge Frau war Christ und hatte an den Veranstaltungen in einem Lobpreisteam mitgesungen. Bei diesem Gespräch bekannte sie, dass sie mit einem jungen Mann unverheiratet zusammenlebt, der eine durch und durch atheistische Position vertrat. Die Seelsorgerin zeigte ihr an Hand der Bibel, dass dieses Verhältnis Sünde ist und dass sie bereit sein müsse, sich von diesem Mann zu trennen. Im Laufe des Gesprächs stellte sie auch die Frage, ob sie ihren Freund schon zu den missionarischen Abenden eingeladen habe. Die Frau verneinte und fügte hinzu, dass ihr Freund so radikal gegen Gott und den christlichen Glauben eingestellt sei, dass eine Einladung wahrscheinlich bei ihm einen Zornausbruch auslösen würde.

Einen Tag später war ein weiterer Gesprächstermin anberaumt, und ich wurde gebeten, dabei zu sein. Da ich bereits an diesem Nachmittag einen Termin zugesagt hatte, musste ich mich frühzeitig verabschieden. Bevor ich ging, wollten wir noch für ihren Freund beten. Die junge Frau war zwar der Überzeugung, dass es bei der Grundeinstellung ihres Freundes nichts bringen würde, aber wir zeigten ihr die Verheißung Jesu aus Matthäus 18,19+20. Dann erklärten wir, dass Jesus in dieser Verheißung die innere Einheit als Voraussetzung für Gebetserhörung genannt hat und dass er versprochen habe, dieses gemeinsame Gebet zu erhören. Danach beteten wir konkret darum, dass Jesus Christus diesem jungen Mann die Bereitschaft geben möge, an einem der evangelistischen Abende zu kommen, und dass Gott sein Herz für das Evangelium öffnen solle. Als die Mitarbeiterin und ich diese Bitten im Gebet ausgesprochen hatten, ermutigten wir auch die junge Frau, diese Anliegen Gott zu sagen. Nach diesem Gebet verabschiedete ich mich. Als ich die Kirche, in der das Gespräch stattfand, verließ und über die Straße gehen wollte, hielt mich ein junger Mann auf. Nach einigen belanglosen Sätzen fragte er plötzlich, ob ich der Pastor sei, der im Zelt die Vorträge hielt. Ich bejahte das. »Könnte ich mit Ihnen sprechen?«, fragte er.

»Leider habe ich jetzt keine Zeit. Aber morgen ab 17.00 Uhr ist das möglich«, antwortete ich. »Dann werde ich heute Abend in Ihre Veranstaltung kommen«, sagte er.

Zu meinem Erstaunen stellte ich fest, dass er der Mann war, für den wir wenige Minuten zuvor gebetet hatten, der »aggressive Atheist«.

Am Abend entdeckte ich ihn in der zweiten Stuhlreihe der Zelthalle. Während meiner Ansprache hörte er konzentriert zu. Als ich am Schluss zu einer öffentlichen Lebensentscheidung für Jesus Christus aufrief, stand er als Erster auf, stieg über die erste Stuhlreihe und stellte sich vor die Bühne. Ich sah Tränen in seinen Augen, und ich selbst war zutiefst bewegt von diesem Geschehen.

An diesem Abend wurde er Christ. In der geplanten Begegnung am nächsten Tag, bekannte er seine Sünden und löste sich im Namen Jesu von seiner durch die atheistische Ideologie geprägten Vergangenheit.

Auf Nimmerwiedersehen

Der Weg von unserem Quartier zur Zelthalle, in der eine Evangelisation stattfand, war nicht weit, ungefähr zehn Minuten zu Fuß. Als wir, eine Mitarbeiterin aus der Schweiz, ein junger Mitarbeiter aus Kalifornien und ich, diesen Weg zum ersten Mal gingen, es war an einem Donnerstagvormittag, trafen wir vor einem kleinen Haus ein älteres Ehepaar. Wir grüßten, und die Mitarbeiterin reichte der Frau ein Einladeprogramm.

»Hab ich schon in der Zeitung gelesen«, wehrte sie nicht gerade freundlich ab.

»Nehmen Sie es trotzdem«, schaltete ich mich ein, »eine Zeitung wirft man schneller weg als ein Programm.«

Zögernd griff sie zu.

Wir verabschiedeten uns mit einem freundlichen »Auf Wiedersehen«.

Der Ehemann hatte bereits die Haustür geöffnet, und ich hörte, wie er ärgerlich vor sich hin murmelte: »Auf Nimmerwiedersehen.«

»Habt ihr das mitbekommen?«, fragte ich, als wir einige Schritte weitergegangen waren. Sie schauten mich fragend an, und so berichtete ich ihnen von dem verärgerten »Auf Nimmerwiedersehen« des älteren Mannes.

»Wir wollen für sie beten«, sagte ich und sprach: »Herr Jesus, arrangiere es bitte so, dass wir diesem Mann jeden Tag begegnen und wir mit ihm ins Gespräch kommen können«.

Ich erinnere mich noch daran, wie wir nach diesem Gebet lachten. Es war ja auch wirklich eigenartig, und ich gebe zu, dass dieses Gebet auch gesprochen wurde, weil mich die ablehnende Haltung des älteren Herrn provozierte.

Als wir um die Mittagszeit in unser Quartier zurückgingen und in die Nähe des Einfamilienhauses kamen, öffnete sich plötzlich die Tür und der Mann trat heraus. Ich grüßte ihn freundlich. Er aber schaute nur ärgerlich und ohne Gegengruß zur Seite.

Die Mitarbeiterin stieß mich an und sagte: »Gebetserhörung Nr.1.« Tatsächlich, das war doch eine Erhörung meines Gebets. Wir waren so bewegt, dass uns die negative Reaktion des Mannes nicht störte. Im Weitergehen dankten wir Gott für diese erste und so schnelle Gebetsantwort an diesem Ort.

Am Nachmittag gingen wir wieder zur Zelthalle. Wie überrascht waren wir, als wir diesmal der Frau vor dem Haus begegneten. Sie hängte Wäsche auf. Wir blieben bei ihr stehen, und nach einigen freundlichen Bemerkungen kam es zu einem längeren Gespräch. Die Frau erzählte erstaunlich offen aus ihrem Leben. Sie berichtete von einem Krankenhausaufenthalt ihres Mannes und über die Teilnahmslosigkeit der Nachbarn. Der Mann ließ sich zweimal in der Tür blicken. Wir nickten ihm freundlich zu. Er tat, als bemerke er es nicht.

Als wir an diesem Tag zum vierten Mal in die Nähe des kleinen Hauses kamen, ich betete gerade, unterbrach mich die Mitarbeiterin: »Siehst du sie?«, flüsterte sie mir zu. Tatsächlich, das Ehepaar kam uns entgegen, und wir trafen genau vor ihrem Haus aufeinander.

Lächelnd fragte ich: »Sind wir uns heute nicht schon einmal begegnet?« Beide lachten über diese Bemerkung, und die Frau antwortete: »Das kann doch kein Zufall sein?«

»Allerdings«, entgegnete ich, »das ist Gottes Plan. Wir haben darum gebetet.«

Auch mit dem Mann konnten wir einige Worte wechseln. Er war nicht mehr so abweisend.

Der folgende Tag begann schon am Morgen mit dieser ermutigenden Gebetserhörung. Wieder öffnete sich, als wir auf dem Weg zur Zelthalle waren, die Tür des schon so vertrauten Hauses, und der ältere Herr kam uns entgegen. Wir blickten uns vielsagend an und grüßten ihn herzlich. Auch er grüßte diesmal freundlich zurück.

Tag für Tag, außer an einem Regentag, an dem wir mit dem Auto fuhren, erlebten wir, dass der Mann oder die Frau oder beide uns begegneten. Es war, als wollte uns Jesus sagen: »Ich bin auch heute wieder mit euch unterwegs und erhöre eure Gebete.«

Am siebten Tag der missionarischen Aktion, es war an einem Dienstag, trafen wir, es war nun schon selbstverständlich, den älteren Herrn. Er reinigte einen Teppich und berichtete uns dabei, dass sie morgen einen Kuraufenthalt antreten würden.

»Schade«, sagte ich, »Sie haben noch nicht unsere Veranstaltung besucht.«

Etwas verlegen antwortete er: »Ach wissen Sie, wir hatten immer so viel zu tun.«

Ich konnte noch einige Fragen zum Kuraufenthalt stellen, aber mehr war auch diesmal nicht drin. Dabei hatten wir um eine offene Tür für ein Gespräch über den Glauben gebetet. Doch gerade diese Tür schien noch fest verschlossen zu sein. Ernstlich fragte ich mich, ob das der Sinn dieser vielen Begegnungen und der so klaren ersten Gebetserhörung sein konnte: täglich ein freundliches Grüßen, täglich einige nette Worte, täglich ein vergebliches Einladen zu den Abendveranstaltungen.

Ungefähr eine Stunde vor Beginn der Abendveranstaltung, wir beteten als Team, wurde ich wieder an das ältere Ehepaar erinnert. Und plötzlich war mir klar: Diese Sache ist noch nicht abgeschlossen. Gott hat mehr vor. Ich unterbrach das Gebet und sagte zu der Mitarbeiterin: »Ich habe den Eindruck, dass du jetzt das Ehepaar aufsuchen solltest.«

Sie war überrascht, erklärte sich aber bereit, es zu tun. Ich begleitete sie einige hundert Meter und wir baten Jesus Christus, dass es bei diesem Besuch zu einer Lebenshingabe an ihn kommen möge.

Die missionarische Veranstaltung hatte schon begonnen, als die Mitarbeiterin strahlend das Zelt betrat. Später berichtete sie, was sich bei diesem Besuch ereignet hatte:

Die Frau war sehr überrascht, als sie die Tür öffnete und unsere Mitarbeiterin vor ihr stand. Freundlich bat sie sie, hereinzukommen. Sie war zwar beim Fenster-Reinigen, aber sie stellte ihren Eimer zur Seite, legte die Schürze ab, zog einen Stuhl an den Tisch und bat die Besucherin, Platz zu nehmen.

Schon nach den ersten Sätzen konnte die Mitarbeiterin fragen: »Haben Sie Jesus Christus schon einmal in Ihr Leben aufgenommen?«

»Nein«, war die offene Antwort, und dann sagte sie: »Aber das möchte ich gern«. Daraufhin erklärte die Mitarbeiterin ihr, wie das möglich ist. In einem Hingabegebet bat die Frau Jesus, in ihr Leben zu kommen. Nach dem Gebet öffnete die Mitarbeiterin noch die Bibel und las den Satz:

> *»Alle, die Jesus aufnahmen, denen gab er das Recht, Gottes Kinder zu werden.«* (Johannes 1,12)

Freudig umarmte die Frau die Mitarbeiterin und sagte: »Jetzt kann ich beruhigt zur Kur fahren. Ich bin ja ein Kind Gottes«.

Wir dankten gemeinsam nach diesem Bericht und staunten wieder neu, wie Gott Gebete erhört. Wir hatten als Gebetstrio also nicht umsonst den Thron Gottes bestürmt.

Ich möchte Sie zum Gebet in kleinen Zellen ermutigen. Sie werden abenteuerliche, bewegende und helfende Erfahrungen mit Gott machen.

»Als sie aber dem Herrn dienten ...

... und fasteten, sprach der Heilige Geist«

Lassen Sie uns einen Augenblick zurückschauen und das kurz bedenken, was bisher gesagt wurde.

Ich sprach zuerst von den »Energeia-Betern«, von Männern und Frauen, die mit Hingabe und Einsatz immer wieder das Angesicht Gottes suchen, und das nicht nur für sich selbst, zur eigenen Erbauung, sondern für andere, für die Gemeinde, für die Stadt, für das Land, für die Kontinente der Erde.

Danach erklärte ich Ihnen die Bedeutung der Gebetszellen, der Zweier- und Dreierteams. Jesus hat diesen Kleingebetsgruppen eine besondere Verheißung für Gebetserhörung gegeben. Sie erkannten, wie wichtig es ist, dass es in der Gemeinde solche dynamischen Gebetszellen gibt. Sie prägen das geistliche Klima der Gemeinde. Sie sind wie Magneten, die Menschen, die fern von Gott leben, zu Gott ziehen.

• Nur durch gemeinsames Gebet können geistliche Minusgrade in eine warme Temperatur verwandelt werden.

- Nur durch gemeinsames Gebet wird krankmachender »Gemeindemief« einem geistlichen frischen Wind weichen.
- Nur durch gemeinsames Gebet wird eine Gemeinde, die sich in Eigenaktivitäten festgefahren hat, eine neue missionarische Stoßkraft erhalten.

In diesem Kapitel geht es um ein größeres Gebetsteam, um ein Gebetstreffen von verantwortlichen Leitern und Leiterinnen einer Gemeinde. Ich bitte Sie, auf einen Bericht aus der Apostelgeschichte zu achten:

> »Es waren aber in Antiochia in der Gemeinde Propheten und Lehrer, nämlich Barnabas und Simeon, genannt Niger, und Luzius von Kyrene und Manaën, der mit dem Landesfürsten Herodes erzogen worden war, und Saulus. Als sie aber dem Herrn dienten und fasteten, sprach der Heilige Geist: Sondert mir aus Barnabas und Saulus zu dem Werk, zu dem ich sie berufen habe. Da fasteten sie und beteten und legten die Hände auf sie und ließen sie ziehen.« (Kapitel 13,1-3)

Antiochia ist der Ort des Geschehens. Dort war eine christliche Gemeinde durch Flüchtlinge aus Jerusalem entstanden. Wegen einer Verfolgungswelle, die über die ersten Christen hereinbrach, mussten sie die Stadt verlassen. Die verfolgten und vielleicht auch mittellosen Christen wurden zu Missionaren. Einige von ihnen wagten dabei etwas geradezu Revolutionäres. Sie predigten das Evangelium nicht, wie es damals noch üblich war, nur den Juden, sondern sie brachten die Gute Nachricht den Heiden. Die Bibel berichtet, dass Gott in besonderer Weise mit dieser kleinen Gruppe war, die eine traditionelle Barriere niederriss. Viele Nichtjuden bekehrten sich und wurden Christen. In der Bibel lesen wir:

> *»In Antiochia wurden die Jünger zuerst Christen genannt.«* (Apostelgeschichte 11,26)

In dieser ersten nichtjüdischen Christengemeinde finden Sie die Mitarbeiter, von denen berichtet wird, dass sie wohl mehrere Tage zum Gebet und Fasten zusammenkamen, um »Gott zu dienen«. Es waren Männer, die eine klare, zum Teil dramatische Bekehrung zu Christus erlebt hatten. Es waren geistlich klarstehende Persönlichkeiten. Sie wussten um die Macht und um die Bedeutung des Gebets. Darum suchten sie gemeinsam Gottes Angesicht.

Qualifikationen für den Leitungsdienst

Mitarbeiter in einer christlichen Gemeinde, Pfarrer, Pastoren, Laienprediger, Lektoren, Diakone, Jungschar- und Jugendleiter, Gemeindevorstände, Kirchengemeinderäte, Älteste ... sollten Beter sein, sollten geistlich orientierte Persönlichkeiten sein. Und genau an dieser Stelle erlebe ich da und dort Fehlanzeige. Oft werden Mitarbeiter auf Grund bestimmter menschlicher Qualifikationen gewählt: Angesehene Stellung, Fachwissen, Begabungen, Prestige. Aber das alles zählt nicht bei Gott. Gott kann es gebrauchen, es muss kein Hindernis sein, aber es darf nicht das entscheidende Kriterium einer Berufung sein. Im Römerbrief lesen Sie, was die entscheidenden Qualifikationsfaktoren für jeden Christen und darum auch in besonderer Weise für jeden Mitarbeiter in der Gemeinde sein müssen:

> *»Ich ermahne euch nun, liebe Brüder, durch die Barmherzigkeit Gottes, dass ihr eure Leiber hingebt als ein Opfer, das lebendig, heilig und Gott wohlgefällig ist. Das sei euer vernünftiger Gottesdienst.«* (Römer 12,1)

Drei Merkmale werden hier genannt, die Vorbedingung sind, dass Gott unser Opfer, unseren Gottesdienst, unser Engagement, unsere Mitarbeit annimmt, segnet und zu seiner Verherrlichung und zum Bau seiner Gemeinde gebraucht.

» ... ein Opfer, das lebendig ist«

Erstens müssen Mitarbeiter »lebendig« sein. Es ist klar, dass damit nicht Vitalität und Kreativität gemeint ist. Der Begriff »lebendig« – ZOSAN – ist abgeleitet von dem Wort ZOE, das für das Leben aus Gott gebraucht wird. Jesus Christus sagte:

> *»Ich bin die ZOE (das Leben)«* (Johannes 14,6).

Und weiter sagte er:

> *»Ich bin die Auferstehung und die ZOE (Leben).*
> *Wer an mich glaubt, der wird leben –*
> *ZESETAI«(abgeleitet von ZOE)* (Johannes 11,25).

Diese ZOE, dieses Leben, empfängt der Mensch durch die Lebensübereignung an Jesus Christus. Kein Mensch hat durch die Geburt bereits ZOE. Durch Zeugung und Geburt erhalten wir BIOS und PSYCHE – das natürliche Leben. In der Wiedergeburt werden wir mit ZOE beschenkt, mit einem übernatürlichen Leben. Und diese ZOE muss die erste Bedingung für Mitarbeit in einer Gemeinde sein.

- Pfarrer und Pastoren müssen wiedergeboren sein.
- Mitarbeiter im Kindergottesdienst, Jungscharleiter und Jugendleiter müssen wiedergeboren sein.
- Laienprediger und Lektoren müssen wiedergeboren sein.
- Hauskreisleiter, Leiter und Leiterinnen von Arbeitsgruppen müssen wiedergeboren sein.
- Jeder, der einen Auftrag in der Gemeinde hat, muss wiedergeboren sein.

Vielleicht stoßen Sie sich an diesem kategorischen »Muss«. Aber hat nicht auch Jesus in jener Nacht zu dem Theologen Nikodemus gesagt:

> *»Wundere dich nicht, dass ich dir gesagt habe:*
> *Ihr* **müsst** *von neuem geboren werden.«*
> (Johannes 3,7)

Der Apostel Paulus hat die Wiedergeburt, die Geburt aus Gott, als erste Voraussetzung der Hingabe genannt:

> *»... dass ihr eure Leiber hingebt als ein Opfer,*
> *das lebendig ist.«*

Es wäre ein sträfliches Vergehen gewesen, wenn jemand im Tempel in Jerusalem ein totes Tier als Opfer gebracht hätte. Unvorstellbar für jeden Juden. Dieser Mann wäre wegen Gotteslästerung angeklagt und gesteinigt worden. Ich schreibe das mit Zittern, nicht anklagend und verurteilend: Wie sieht es hier in den Kirchen und Gemeinden aus? Wie viele tote Opfer, die Bibel spricht von toten Werken, werden Gott gebracht?

- ... von toten Pastoren und Priestern. Sie haben aus irgendeinem Grund Theologie studiert ohne persönliche Hingabe an Jesus Christus und darum ohne Wiedergeburt.
- ... von toten Lektoren, Laienpredigern und Predigthelfern. Sie haben diese Aufgabe übernommen. Aber sie haben nie eine Bekehrung erlebt und kennen darum das neue Leben aus Gott nicht.
- ... von toten Organisten und Chorleitern, die aus Liebe zur Musik oder aus bestaunenswerter Hilfsbereitschaft diesen Auftrag in den Kirchen und Gemeinden ausführen. Aber sie haben keine Entscheidung für Jesus Christus getroffen.
- ... von toten Kindergottesdienstleitern, Jungenschaftsleitern und Jungscharleitern. Sie setzen sich mit Begeisterung ein, opfern Zeit und Geld, aber sie haben keine persönliche Beziehung zu Jesus Christus.

Hinter diesen Sätzen stehen erschütternde persönliche Erfahrungen.

Während einer Evangelisation in den neuen Bundesländern besuchte mich der Kantor des Ortes in unserem Seelsorgewohnwagen. Irgendetwas schien ihm an meinen Vorträgen nicht zu passen. Er stellte ohne Umschweife die Frage: »Glauben Sie, dass auch ich mich bekehren muss? Sie wissen, ich bin Kantor. Ich spiele Sonntag für Sonntag im Gottesdienst. Ich habe schon x Predigten gehört und kenne mich in der Bibel aus.« Er sah mich herausfordernd an.

Ich sagte: »Ich bin fest davon überzeugt, dass auch Sie eine Entscheidung für Jesus Christus treffen müssen. Ihr Dienst in der Kirche macht Sie noch nicht zu einem Christen.«

Empört stand er auf. »Sie haben mich zum letzten Mal gesehen«, sagte er erregt. Die Tür fiel ins Schloss.

Wochen später hatte ich eine Vortragswoche in der Schweiz. An einem der ersten Abende begrüßte mich etwas verlegen ein Mann. »Sie kennen mich vielleicht nicht mehr«, sagte er. »Ich bin der Kantor, der sie in B. ansprach.« »Ich erinnere mich«, sagte ich überrascht. »Wie kommen Sie denn hierher?«

»Ihre kompromisslose Aussage, dass auch ich mich bekehren muss, hat mich zuerst unheimlich geärgert. Aber ich fand keine Ruhe mehr. Ich musste Ihnen Recht geben. Heute bin ich achthundert Kilometer gefahren. Ich will Christ werden. Helfen Sie mir.«

Am ersten Abend einer Evangelisation spricht mich ein junger Mann an. »Ich bin Jungscharleiter«, sagte er. »Ich möchte Ihnen sagen, dass ich heute Abend zum ersten Mal verstanden habe, um was es im christlichen Glauben geht und wie man Christ werden kann. Ich will jetzt eine Entscheidung für Jesus treffen.« Kurz darauf bat er Jesus Christus, die Herrschaft in seinem Leben zu übernehmen und an die Schaltzentrale seines Herzens zu kommen.

An einem Offenen Abend trat ein Mann während des Rufs zur Entscheidung für Christus vor. Als ich wenig später ihm gegenübersaß, stellte er sich als katholischer Priester vor. Ich fragte ihn, was ihn veranlasst habe, beim Ruf zur Entscheidung für Christus aufzustehen und vorzutreten. Er erklärte mir sehr ausführlich, dass er in Jesus Christus bis jetzt nur einen großen Lehrer sah, einen außergewöhnlich begabten Menschen, der eine erstaunliche Vollmacht und Gotteserkenntnis besaß. Aber er habe nie anerkennen wollen, dass er Gottes Sohn sei, die zweite Person der Gottheit, der, den man persönlich als Herrn und Retter annehmen müsse. Das wolle er jetzt tun.

In einer Gemeinde wurde ich zu einem Seminar über Seelsorge eingeladen. Es sollte eine Vorbereitung für eine geplante Evangelisation sein. Es waren ungefähr vierzig Mitarbeiter und Mitarbeiterinnen anwesend. Ich sprach am ersten Abend über das Thema Wiedergeburt und zeigte an Hand des Menschenbildes der Bibel, dass in der Wiedergeburt der Geist Gottes in unseren Geist kommt und uns zu Kindern Gottes macht. Nach einer ausführlichen biblischen Begründung und einer bildhaften Darstellung gab ich das Gespräch über das Gehörte frei. Die Mitarbeiter und Mitarbeiterinnen saßen an Tischen und unterhielten sich angeregt. Nach ungefähr fünfzehn Minuten ging ich mit dem Mikrofon an einen Tisch und fragte einen Mitarbeiter nach dem Gesprächsinhalt. Er sagte: »Wenn das wahr ist, was Sie über Wiedergeburt gesagt haben, dann bin ich nicht wiedergeboren.«

Etwas verlegen über diese freimütige Äußerung sagte ich: »Darüber sollten wir ein Gespräch unter vier Augen führen.«

Er antwortete: »Das sagen aber alle, die hier am Tisch sitzen.«

Plötzlich meldeten sich auch viele der anderen Teilnehmer, und sie erklärten: »Wir sind in dieser Gemeinde groß geworden. Wir sind in den Glauben hineingewachsen. Wir haben nie eine Bekehrung erlebt.«

Sie waren kirchliche Mitarbeiter ohne Leben aus Gott. An diesem Abend begann die Evangelisation. Sie begann unter den Mitarbeitern.

Nach dem Zeugnis der Bibel ist jeder Mensch, der nicht wiedergeboren ist, tot vor Gott. Paulus schreibt an die Christen in Kleinasien:

> »Auch ihr wart tot durch eure Übertretungen und Sünden, in denen ihr früher gelebt habt.«
> (Epheser 2,1)

Und das gilt auch für Menschen, die in einem religiösen Raum aufgewachsen sind, die von Kindheit an in der Kirche »zu Hause« waren. Lesen Sie dazu, was der Apostel Paulus von sich selbst schreibt:

> »... der ich am achten Tag beschnitten bin (wir können das mit der Säuglingstaufe vergleichen),

> *aus dem Volk Israel* (wir können das mit den so
> genannten christlichen Völkern vergleichen), ...
> *nach dem Gesetz ein Pharisäer* (wir können das mit
> engagiertem Dienst in der Kirche vergleichen).

Trotz dieser religiösen Qualitäten bekennt der Apostel Paulus, dass er in dieser Zeit geistlich tot war:

> *»Aber Gott, der reich ist an Barmherzigkeit, hat in
> seiner großen Liebe, mit der er uns geliebt hat, auch
> uns (hier bezieht sich der Apostel mit ein), die wir
> tot waren in den Sünden, mit Christus lebendig ge-
> macht.«* (Epheser 2,4-5)

Christliche Tradition garantiert also noch kein geistliches Leben. Gelegentlich habe ich Mitarbeitern in den Gemeinden die Frage gestellt: »Wann haben Sie Ihre Entscheidung für Jesus Christus getroffen?« Manchmal lautete die Antwort: »Ich bin schon immer Christ. Meine Eltern haben uns im christlichen Glauben erzogen. Ich gehöre eigentlich schon immer dazu.« Wirklich? Gibt es das? Ich verstehe, dass solche Leute kein spektakuläres Bekehrungserlebnis haben können. Aber eines ist doch auch klar: die Neugeburt, die Geburt aus Gott, kann nicht vererbt und anerzogen werden.

Ich bin in einem christlichen Elternhaus aufgewachsen. Meine Eltern haben in ihrer Jugend eine Bekehrung erlebt und sich dann Jesus Christus und der Gemeinde zur Verfügung gestellt. Zu Hause wurde gebetet. Wir sangen christliche Lieder. Wir gingen gemeinsam in den Gottesdienst. Aber mir war klar, dass ich einmal eine Entscheidung für Jesus treffen muss. Ich wusste mit zehn, mit elf, mit zwölf, dass ich kein Christ war. Als Zwölfjähriger habe ich dann in einem Religionsunterricht, in dem eine Diakonisse die Möglichkeit der Entscheidung anbot, öffentlich gebetet. Ich bat Jesus, in mein Herz zu kommen. Es war mir ernst, und Gott hat dieses Gebet erhört. Ich erinnere mich noch heute daran, mit welch einer Freude ich nach Hause gerannt bin. Leider blieb es nicht dabei. Mit neunzehn habe ich nach einer Zeit des Suchens und Fragens, der Ungewissheit und der Irrwege eine neue Hingabe an Jesus Christus vollzogen. Beide Ereignisse sind mir noch genau in Erinnerung.

Ich meine nicht, dass jeder die Stunde seiner Bekehrung und Wiedergeburt wissen muss. Aber er muss wissen, dass er sich Jesus Christus in einem Akt der Hingabe übereignet hat. Er muss wissen, dass er ein Kind Gottes ist. Er muss wissen, dass er Jesus Christus gehört. Er muss die dreifache Gewissheit haben, von der die Bibel spricht.

Die Geistesgewissheit:

> *»Der Geist Gottes selbst gibt Zeugnis unserm Geist, dass wir Gottes Kinder sind.«* (Römer 8,16)

Es ist das intuitive Wissen, das der Heilige Geist gibt – ein Wissen, das nicht erklärt werden kann, ein inneres Wissen.

Die Führungsgewissheit:

> *»Denn welche der Geist Gottes führt, die sind Gottes Kinder.«* (Römer 8,14)

Wer mit Jesus unterwegs ist, der erlebt, dass er geführt wird. Er stellt das immer wieder staunend fest, wenn er zurückblickt. Er weiß: Hier war Gottes Hand im Spiel.

Die Ewigkeitsgewissheit:

> *»Das habe ich euch geschrieben, damit ihr wisst, dass ihr das ewige Leben habt, die ihr glaubt an den Namen des Sohnes Gottes.«*
> (1. Johannesbrief 5,13)

Im Blick auf das ewige Leben sagen viele religiös orientierte Menschen: »Ich hoffe, dass ich in den Himmel komme.« Oder: »Ich nehme an, dass Gott mich nicht abweist.« Oder: »Ich glaube schon, dass ich das ewige Leben erhalte.« Aber in all diesen Aussagen ist ein Unsicherheitsfaktor. Wer zu Jesus gehört, kann sagen: »Ich bin gewiss!«

Vielleicht fragen Sie nach diesen Ausführungen, was mit den Mitarbeiterinnen und Mitarbeitern, den Pastoren und Pastorinnen geschehen soll, die nicht wiedergeboren sind, die das Leben aus Gott noch nicht kennen. Ich habe hier nur eine Antwort: Helfen Sie ihnen, dass sie ihr Leben Jesus Christus übereignen. Fürbitte und einfühlsame, aber auch offene Gespräche sind wichtig. Und vor allem sollten Sie dabei immer die Ermahnung der Bibel beachten:

> *»Alle eure Dinge lasst in der Liebe geschehen!«*
> (1. Korinther 16,14)

» ... ein Opfer, das heilig ist«

Der oben angeführte Bibeltext sagt ein Zweites. Wer in der Gemeinde mitarbeiten will, muss »heilig« sein:

> »... dass ihr eure Leiber hingebt als ein Opfer, das heilig ist.« (Römer 12,1)

Der Begriff »heilig« ist stark belastet. Viele denken dabei an besonders fromme Menschen, an Menschen, die sich mehr als andere Christen für Gott und die Welt einsetzen. Sie denken an eine »Elitetruppe« der Kirche. Aber beachten Sie bitte ein Zweifaches: Erstens spricht der Apostel alle Christen an und nicht nur eine »Spezialeinheit« von »Einzelkämpfern«, und zweitens erinnert er an die alttestamentlichen Opfer, die täglich im Tempel dargebracht wurden. Diese Opferhandlungen wendet er beispielhaft auf das Christsein an, und zwar auf das normale Christsein. Jeder Christ soll sein Leben als Opfer Gott zur Verfügung stellen und so ein Mitarbeiter im Reich Gottes sein. Dabei ist die Voraussetzung für brauchbare Mitarbeit ein heiliges Leben. Was aber heißt das? An welche Kriterien dachte der Apostel, als er diesen Satz schrieb? Die Antwort finden Sie in diesen genannten Opferhandlungen.

Bei den Tieropfern, die im Tempel dargebracht wurden, wurde immer das ganze Tier geopfert. Kein Jude wäre jemals auf den Gedanken gekommen, nur einen Teil eines Tieres in den Tempel als Opfer zu bringen. Nur ein ganzes Opfer war ein heiliges Opfer. Dieses ganze Opfer überträgt der Apostel hier auf das Leben des Christen. »Heilig« bedeutet also, dass Sie Ihr ganzes Leben Gott zur Verfügung stellen, nicht nur einen Teil Ihres Lebens.

- Gott erwartet mehr als ein »Sonntagsopfer«.
- Gott erwartet mehr als ein »kirchliches Dienstopfer«.
- Gott erwartet mehr als ein »soziales Einsatzopfer«.
- Gott erwartet mehr als ein »evangelistisches Sonderopfer«.

Ihr Leben soll vierundzwanzig Stunden pro Tag Gott zur Verfügung stehen, und das Tag für Tag, Woche um Woche, Monat für Monat … immer also. Darum lesen Sie in der Bibel:

> *»Alles, was ihr tut mit Worten oder mit Werken, das tut alles in dem Namen des Herrn Jesus und dankt Gott, dem Vater, durch ihn.«* (Kolosser 3,17)

Alles für Gott. Alles für Jesus Christus. Alles zu seiner Ehre. Auch das Selbstverständlichste. Jedes Reden und jedes Tun in Gottes Gegenwart. Das ist heiliges Leben. Das ist heiliges Opfer. Das ist wahrer Gottesdienst. Und wenn das für alle Christen gilt, dann muss nicht extra betont werden, dass es auch die normale und von Gott verordnete Voraussetzung für die Mitarbeiter in der Gemeinde ist. Es geht nicht um Vollkommenheit, sondern um Hingabe.

» ... ein Opfer, das wohlgefällig ist«

Das dritte Kriterium für die Mitarbeiter heißt:

> *» ... dass ihr eure Leiber hingebt als ein Opfer, das Gott wohlgefällig ist.«*

Wohlgefällig meint, das tun, was Gott von mir getan haben will. Nicht *ich* suche mir den Dienst aus, sondern *Gott* beauftragt und beruft mich und Sie zu einem speziellen Dienst.

Es war nach den Semesterferien. Mit meinen Eltern und meinem Bruder war ich zu dem Ort gefahren, an dem ich studierte. Als wir das Seminargebäude betraten, begrüßte uns der Direktor. Er sprach mich dann persönlich an mit den Worten: »Bruder Vogel, ich habe Sie für das neue Semester als meinen Sekretär bestimmt.«

Ich war völlig verwirrt. Damit hatte ich nie gerechnet. Ich antwortete: »Herr Direktor, es ehrt mich, aber ich glaube nicht, dass ich dafür geeignet bin. Rechtschreibung und Grammatik sind meine schwachen Stellen.«

Er antwortete: »Wen ich erwählt habe, den habe ich erwählt.«

Ich habe in diesem Jahr als Sekretär manche Fehler gemacht, aber ich habe viel gelernt. Dieser Auftrag entsprach nicht meiner Neigung, dennoch habe ich ihn angenommen, und Gott hat diesen Glaubensschritt gesegnet.

Arbeiten Sie an der Stelle, an der Gott Sie haben will? Niemals wollte ich Pastor werden, und niemand, der mich kannte, wäre auf den Gedanken gekommen, mir einen solchen Beruf vorzuschlagen. Ich hatte, weil ich zur Nachkriegsgeneration gehörte, eine ungenügende Schulausbildung. Ich war schüchtern, und Formulieren war nicht meine Stärke. Aber als Gott mich rief – ich arbeitete damals in einem Textilbetrieb –, sagte ich Ja. Ich wusste, dass ich völlig von Jesus abhängig sein werde. Ohne seine tägliche Hilfe wäre ich hoffnungslos gestrandet. Heute staune ich über die Geduld und den Beistand Gottes, und ich weiß, dass mein Ja zu seinem Auftrag die absolut richtige Entscheidung war.

> *»Ich ermahne euch nun, liebe Brüder, durch die Barmherzigkeit Gottes, dass ihr eure Leiber hingebt als ein Opfer, das lebendig, heilig und Gott wohlgefällig ist. Das sei euer vernünftiger Gottesdienst.«*
> (Römer 12,1)

Ich erinnere noch einmal daran, dass es in diesem Kapitel um Gebetsgemeinschaft der Mitarbeiter und Mitarbeiterinnen geht, um das Miteinander-Beten von Verantwortungsträgern der Gemeinde, um ein Gebetstreffen von Führungspersönlichkeiten. In Apostelgeschichte 13 wird davon berichtet, dass sich die Verantwortungsträger der dortigen Gemeinde mehrere Tage ausschließlich zum Gebet zurückzogen. Dabei hebt der Berichterstatter ein Zweifaches besonders hervor:

Sie dienten dem Herrn

Wir lesen in diesem biblischen Bericht, dass die Führungskräfte der Gemeinde in Antiochia dem Herrn Jesus dienten:

> *»Als sie aber dem Herrn dienten ...«*
> (Apostelgeschichte 13,2)

Der Grundtextbegriff, der hier mit »dienen« übersetzt wurde, ist »LEITURGEIN«. Von ihm ist das deutsche Wort Liturgie abgeleitet. Im »Sprachlichen Schlüssel zum Griechischen Neuen Testament« von Fritz Rienecker steht als Erklärung neben diesem Begriff: »Der vom Tempeldienst der jüdischen Priester gebräuchliche Ausdruck, der auf die verschiedenen christlichen Funktionen übertragen wird, die an die Stelle des jüdischen Kultus traten.«

Der Begriff führt also zuerst in das Alte Testament und wurde dort für den Dienst verwendet, den die Priester in der Stiftshütte, dem Wanderheiligtum, und später im Tempel taten. Im dritten Buch Mose wird davon ausführlich berichtet. Dort werden zum Beispiel die verschiedenen Opferhandlungen beschrieben, das Brandopfer, das Speisopfer, das Dankopfer und dann auch das Sündopfer. Wer die Texte liest, wird entdecken, dass es dabei in den ersten drei Opferhandlungen zentral um Gott geht. Diese Opfer hatten eine ausschließlich vertikale Dimension. Es stand nicht der Mensch im Mittelpunkt,

sondern Gott. Während die Priester die Opfer zube-
reiteten und dann darbrachten, blickten sie – im
Bild gesprochen – nach oben. Sie opferten für Gott
und wollten damit ihm dienen. Das ist die inhaltli-
che Bedeutung des Begriffs »LEITURGEIA«. Und genau das taten auch die geistlichen Leiter der Gemeinde in Antiochia, als sie zum Gebet und zum
Fasten zusammenkamen. Sie wollten Gott dienen.
Sie beteten nicht, weil sie in der Gemeinde Probleme hatten. Sie kamen nicht zusammen, weil die
Gemeindearbeit stagnierte. Sie trafen sich nicht,
um Gott um eine neue missionarische Strategie zu
bitten. Es ging ihnen nicht um irgendeine Sache,
auch nicht um die Sache des Evangeliums und der
Gemeinde. Es ging ihnen um Gott. Für ihn wollten
sie da sein. Für ihn hatten sie diese Tage reserviert.
Dank, Lob und Anbetung standen auf dem »Programm«. Und das nicht nur für eine Stunde, denn
der Text spricht ja auch davon, dass sie fasteten.
Wir können also annehmen, dass die geistlichen
Leiter der Gemeinde in Antiochia mindestens zwei
oder drei Tage in Gottes besonderer Gegenwart verbrachten. Sind geistliche Leiter dazu heute noch in
der Lage?

Verunsicherung

Vor Jahren sollten wir, einige Pastoren und Lai-
en, für eine Pastoren- und Laienkonferenz einen Studientag für Evangelisation vorbereiten. In
einer Sitzung am Vormittag hatten wir Ideen ge-

sammelt und gesichtet. Nach dem Mittagessen trafen wir uns wieder, und der Vorsitzende fragte, ob wir während der Pause weitere Impulse empfangen hätten. Ich meldete mich nach einigem Zögern zu Wort und sagte, dass mich der Bericht in Apostelgeschichte 13 zu folgendem Vorschlag inspirierte: Wäre es möglich, zwei oder drei Tage zu einer Klausur zusammenzukommen? In dieser Zeit könnten wir betend und fastend diesen Studientag vorbereiten. Der Vorschlag wurde zuerst ohne Gegenstimme angenommen. Plötzlich aber stand die Frage im Raum: Was machen wir in diesen drei Tagen? Eine große Unsicherheit war spürbar. Fragen standen im Raum, wie »Man kann doch nicht drei Tage nur beten.« Oder: »Ist das nicht Zeitverschwendung, ohne ein klares Konzept, ohne ein festgelegtes Tagesprogramm drei Tage beieinander zu sein?« Nun wurden mögliche Programmpunkte gesucht und Aufgaben verteilt. Ein Vortrag sollte gehalten werden. Ein liturgisch begabter Pastor sollte gebeten werden, uns einen halben Tag zu begleiten und Anleitung zum Gebet zu geben. Ängste brachen auf vor dem Ungewohnten. Am Ende der Diskussion schrumpften die drei Tage zu einem Tag zusammen. Ein Drittel der Teilnehmer entschuldigte sich wegen Terminschwierigkeiten, und auch das Fasten wurde auf eine Mahlzeit reduziert. Auf dem Tisch des Konferenzraumes standen Weintrauben und Äpfel zur freien Verfügung. Wenn ich mich recht erinnere, wurde kaum eine Stunde wirklich gebetet.

Wenn ich heute an dieses »Gebetstreffen« zurückdenke, empfinde ich es als ein geistliches Armutszeugnis.

Ganz anders habe ich während einer Evangelisation 1999 vier Gebetsnächte erlebt, an denen Mitarbeiter von 23.00 Uhr bis 6.00 Uhr beteten. Wir hatten kein Programm. Wir hatten kein Konzept. Aber wir hatten ein brennendes Herz. Die Liebe Gottes bewegte uns.

Aber noch einmal die Frage: Was macht man bei einer solchen Gebetsklausur? Ich kann und ich will dafür keine Rezepte geben. Hier muss Gottes Geist inspirieren. Aber vielleicht ist es für Sie hilfreich, wenn ich einige Gebetselemente nenne.

- **Gemeinsam danken:** Danken für das, was Jesus Christus für uns getan hat. Dank für sein Kommen auf unseren Planeten. Dank für seine Lebenshingabe am Kreuz. Dank für seine Gegenwart. Dank für das Geschenk des Heiligen Geistes. Dank für seine Führung im persönlichen Leben und im Werdegang der Gemeinde. Dank für konkret empfangene Segnungen. Dank könnte am Anfang einer solchen Gebetszeit stehen. Die Bibel ruft dazu auf: »*Gehet zu seinen Toren ein mit Danken*« (Psalm 100,4). Gemeint sind die Tore des Tempels.

- **Gemeinsam hingeben:** Sich neu hingeben an Gott. Das kann in einem Abendmahl geschehen. Das kann in einer Zeit der Stille im persönlichen Gebet geschehen. Das kann in einer Weihegebetsgemeinschaft geschehen, in der ein vorbereitetes Weihegebet Satz für Satz nachgesprochen wird. Das kann auch in einer Zeit des freien Gebets geschehen. Auch alle hier genannten »Bausteine« können in einer solchen Zeit der Weihe verwendet werden. Dabei sollte darauf geachtet werden, dass es wirklich und von Herzen zu einer neuen Hingabe an Jesus Christus kommt. Es darf nicht nur eine »liturgische Handlung« sein. Gott muss im Mittelpunkt des Geschehens stehen.

- **Gemeinsam anbeten:** Anbetungszeiten sollten vorbereitet werden. Anbetungslieder und Anbetungschorusse, in denen zu Gott gesungen wird, also nicht Lieder, in denen dazu aufgefordert wird, Gott zu ehren und anzubeten, sondern Lieder, in denen Gott in seiner Liebe, in seiner Gnade, in seiner Größe, in seiner Herrlichkeit besungen wird, sollten in anbetender Haltung gesungen werden. Dazwischen können Anbetungstexte der Bibel gelesen oder gebetet werden und freie Anbetungsgebete gesprochen werden.
Echte, vom Heiligen Geist geprägte Anbetung verändert die Atmosphäre und führt zu einer großen Gebetsfreiheit.

Ich werde den Sonntag und den Ort nie vergessen, wo wir, meine Frau und ich, zum ersten Mal in einem Gottesdienst Anbetung erlebten. Es war in einer großen charismatischen Gemeinde. Wir hatten uns zum Besuch dieses Gottesdienstes entschlossen, weil wir seltsame Berichte gehört hatten und uns selbst ein Bild über diese Gemeinde machen wollten. Eine Band begann zu spielen. Hunderte erhoben sich. Anbetungschorusse wurden gesungen. Und plötzlich breitete sich eine Atmosphäre der

Liebe und Heiligkeit Gottes aus, wie ich das so noch nie erlebt hatte. Gottes Geist ergriff mich. Ich konnte die Tränen nicht zurückhalten. Und dann wurde ich mit hineingenommen in diese Anbetung des Vaters und des Sohnes. Dieser Geist der Anbetung begleitete und motivierte mich durch den ganzen Tag hindurch. Ich spürte an diesem Sonntag ununterbrochen die Gegenwart Gottes.

Damals begriff ich zum ersten Mal, was Anbetung ist. Theoretisch hatte ich es gewusst, aber praktisch hatte ich es in dieser Dynamik noch nie erlebt.

• **Gemeinsam preisen:** »*Preiset mit mir den Herrn und lasst uns miteinander seinen Namen erhöhen*« – ruft der König David in Psalm 34 (Vers 4) die auf, die ihn umgeben. Beachten Sie bitte die Worte »*mit mir*« und »*uns*«. Es wird also zum gemeinsamen Preisen aufgerufen. Der Psalm erinnert an eine der dunkelsten Stunden im Leben Davids, an Angst und Verzweiflung, aber er besingt dann auch die kraftvolle Hilfe Gottes.

Rettung, Gebetserhörungen, Wunder sind Motivationen, Gott zu preisen. Die persönlichen Erfahrungen führen zu Freude und Staunen, zu Jubel und Begeisterung, und das ist die Atmosphäre, in der wir Gott preisen können. In einer solchen Gebetszeit sollte dem Lobpreis eine besondere Zeit eingeräumt werden. Dabei ist es notwendig, dass die Teilnehmer Erfahrungen berichten, die zum Lobpreis anregen.

- **Gemeinsam hören:** In einer solchen Gebetszeit sollte auch die Möglichkeit zum gemeinsamen Auf-Gott-Hören gegeben sein. Biblische Texte, die der Geist Gottes aufleuchten lässt, können genannt werden und eröffnen im gemeinsamen Nachdenken neue Gebetsperspektiven. Starke und lebendige innere Eindrücke können Reden Gottes sein. Sie müssen allerdings geprüft und von allen Gebetsteilnehmern bejaht werden können. Auf eine solche Weise sprach offenbar der Heilige Geist zu den geistlichen Leitern der Gemeinde in Antiochia. Er teilte ihnen mit, dass Barnabas und Saulus zu einem besonderen missionarischen Dienst berufen seien. Diese Offenbarung – und ich betone das hier: Sie wurde in einer Zeit gegeben, in der die Verantwortungsträger der Gemeinde sich zu einer Gebetsklausur zurückgezogen hatten – führte zum Start der ersten Missionsreise und damit zum Start der Weltmission. Und es geschah, als sie dem Herrn dienten.

Ich möchte alle Verantwortungsträger der Gemeinden ermutigen – oder lassen Sie es mich noch deutlicher sagen: ermahnen –, solche besonderen Tage des Gebets und der intensiven Gottesbegegnung einzuplanen. Schon das wäre ein Segen, wenn wir wenigsten so viel Zeit zum Gespräch mit Gott finden könnten, wie wir in Planungssitzungen, in Diskussionen und Informationen investieren. Aber bleiben Sie nicht auf halbem Weg stehen. Geben Sie sich nicht mit Notlösungen zufrieden. Streben Sie das biblische Modell an.

Sie fasteten dem Herrn

»Als sie aber dem Herrn fasteten ...« – so berichtet die Apostelgeschichte von der Gemeindeleitung in Antiochien. Fasten ist Verzicht auf Essen. Immer wieder ist in der Bibel davon in Verbindung mit Gebet die Rede.

Jesus fastete vierzig Tage, bevor er seinen Dienst in der Öffentlichkeit antrat (Matthäus 4,1.2). Und es wird dort berichtet, dass ihn der Heilige Geist dazu motivierte.

Die hochbetagte Prophetin **Hanna**, sie war, als Jesus geboren wurde, vierundachtzig Jahre alt, *»diente Gott mit Fasten und Beten Tag und Nacht«*, lesen wir im Lukasevangelium, Kapitel 2,36+37.

Der Apostel **Paulus** schreibt von sich und seinen Mitarbeitern, dass sie sich in allen Dingen als Diener Gottes erweisen, und nennt dann unter anderem auch *»... im Wachen, im Fasten«* (2. Korinther 6,5). Im 11. Kapitel, Vers 27 spricht er von *»viel Fasten«*.

Beachten Sie bitte, dass es dabei nicht um ein Gesundheitsfasten geht, sondern um ein *»dem Herrn Fasten«*, um ein *»Gott Dienen mit Fasten«*. Fasten hat also in diesen Texten eine vertikale Dimension. Es ist ein inneres Ausrichten auf Gott, ein intensives Fragen nach Gott, ein Bekenntnis der totalen Abhängigkeit von Gott, ein starkes Zeichen der Hingabe, eine – um ein Bild aus dem Alten Testament zu verwenden – Opferhandlung. Es ist wie ein Liegen auf dem Altar Gottes.

Noch häufiger ist im Alten Testament von Fasten die Rede. Der Akzent liegt dort allerdings auf einer anderen Ebene. Es wurde in Notsituationen gefastet, um Unheil abzuwenden, oder es wurde gefastet als sichtbares Zeichen der Trauer über begangene Sünde.

»*Dem Herrn fasten*«, das ist das Anliegen, das im Blick auf eine Gebetsklausur interessiert. Dabei will ich einige wichtige Akzente dieses Fastens erklären.

• **Fasten dokumentiert die Ernsthaftigkeit eines Vorhabens.** Es unterstreicht das Verlangen, Gott zu begegnen und für ihn da zu sein. Gott steht im Mittelpunkt. Alles andere wird zurückgestellt. Das, was sonst ein wesentlicher Teil unserer Existenz ist, tritt für einen Tag oder für einige Tage zurück. Alles richtet sich auf ein Ziel aus: Gott. Gott soll im Mittelpunkt stehen. Der Beter will Gott erfahren, Gott ehren, Gott zur Verfügung stehen.

• **Fasten fördert die geistliche Konzentration.** Nichts soll die Begegnung und das Gespräch mit Gott stören. Nichts soll ablenken. Wer fastet, konzentriert sich auf ein Ziel, das er Sekunde um Sekunde im Auge hat. Es ist Konzentration auf das Geistliche, auf das Unvergängliche, auf die Begegnung mit Gott. Es ist Konzentration, die zu einem inneren Hören führt, zu einem Zustand, in dem Gott dem Menschen neu begegnen kann.

- **Fasten führt zu neuer geistlicher Kraft.** Durch diese im Fasten dokumentierte Ernsthaftigkeit, durch diese auf Gott ausgerichtete Konzentration, geben wir dem Geist Gottes die Möglichkeit, neue Bereiche unseres Seins zu erfüllen. Wir erhalten zum Beispiel Kraft zum Kampf gegen Mächte der Finsternis.

Das zeigt eine Erfahrung, die die Jünger von Jesus Christus machten (Markus 9,14-29). In seiner Abwesenheit bat sie ein Vater, seinen Sohn von einem Dämon, der ihn quälte und töten wollte, zu befreien. Sicher taten sie das, was sie bei Jesus gesehen hatten und was sie selbst schon wirkungsvoll praktizierten (Lukas 10,17). Aber diesmal waren sie machtlos. Es klappte nicht. Der Dämon setzte sich wirkungsvoll zur Wehr. Er weigerte sich, den Jungen zu verlassen. Da kam Jesus und übernahm den Befreiungsdienst. Die Bibel berichtet:

> *»Und sogleich als ihn (Jesus) der Geist sah, riss er ihn. Und er fiel auf die Erde, wälzte sich und hatte Schaum vor dem Mund... Als nun Jesus sah, dass das Volk herbeilief, bedrohte er den unreinen Geist und sprach zu ihm: Du sprachloser und tauber Geist, ich gebiete dir: Fahre von ihm aus und fahre nicht mehr in ihn hinein!«* (Markus 9,20 + 25)

Die Jünger wunderten sich, dass der Dämon Jesus so schnell gehorchte, und fragten ihn:

> *»Warum konnten wir ihn nicht austreiben?«*

Und Jesus erklärte ihnen:

> *»Diese Art kann durch nichts ausfahren als durch Beten und Fasten.«* (Markus 9,29)

Wenn auch, wie aus der Anmerkung zu diesem Text ersichtlich, der Begriff »Fasten« in den ältesten Textzeugen nicht steht, so können wir doch annehmen, dass die frühe Kirche um die Bedeutung des Fastens im Blick auf den Befreiungsdienst wusste.

• **Fasten befreit zu geistlicher Klarheit.** Es macht sensibel für geistliche Impulse. Es »erleuchtet die Augen des Herzens« (Epheser 1,18), dass wir den Willen Gottes erkennen. So konnte der Heilige Geist den Führungskräften in Antiochien mitteilen, dass Gott Barnabas und Saulus zu einem besonderen Missionsdienst berufen habe. Diese Zeit des Betens und Fastens wurde zu einem historischen Ereignis, zum Start der Weltmission.

Viel zu viele Gemeinden drehen sich bis zu fünfundneunzig Prozent um sich selbst. Wie viel mehr könnte Gott Gemeinden gebrauchen, wenn sie offen wären für die Impulse Gottes, für das Reden des Heiligen Geistes. Beten und Fasten der Gemeindeleiter und Gemeindeältesten würde bisher noch verschlossene Türen öffnen, würde zeitraubende Diskussionen abkürzen und festgefahrene, selbstzufriedene und fruchtlose Gemeinden wieder brauchbar machen für das Reich Gottes.

Der besondere Auftrag des Gebets

Wer das Evangelium verkündigt, der hat einen besonderen Auftrag zum Gebet. Der bereits mehrfach zitierte englische Prediger Charles Haddon Spurgeon sagte einmal zu Pastoren: »Natürlich zeichnet sich der Prediger vor allem als ein Mann des Gebets aus. Er betet wie ein gewöhnlicher Christ, sonst wäre er ein Heuchler. Er betet mehr als gewöhnliche Christen, sonst wäre er für das übernommene Amt nicht geeignet. Wenn ihr als Prediger keine betenden Menschen seid, seid ihr zu bedauern. Wenn ihr in eurer Hingabe lau werdet, seid *ihr* nicht nur zu bedauern, sondern auch eure Leute, und es kommt der Tag, an dem ihr beschämt und bestürzt dasteht. All unsere Büchereien und Amtszimmer sind nichtig im Vergleich zu unseren Gebetskammern. Unsere Fasten- und Gebetszeiten im Heiligtum sind in der Tat große Tage. Nie steht des Himmel Tor weiter offen; nie sind unsere Herzen der Herrlichkeit näher als dann.« (3)

Watchman Nee schreibt: »Das Gebet ist jene Art des Dienstes, der eine Vorrangstellung eingeräumt werden sollte. Satan sucht uns immer wieder zu verleiten, andere ebenfalls den Herrn betreffende Dinge dem Gebet voranzustellen.«

In seinem Buch »Kraft durch Gebet« fragt Edward McKendree Bounds: »Wo sind die Gemeindeleiter, die im Stande sind, die modernen Gläubigen anhaltendes

Beten zu lehren? Sind wir uns dessen bewusst, dass wir eine gebetslose Schar von Gläubigen erziehen? Wo sind die apostolischen Führer, die das Volk Gottes zum Beten anhalten? Lasst sie nach vorne treten und diesen Auftrag erfüllen. Es wird das größte Werk sein, das je getan werden kann.« (4)

Unter diesem Aspekt möchte ich mit Ihnen den folgenden biblischen Bericht betrachten:

»In diesen Tagen aber, als die Zahl der Jünger zunahm, erhob sich ein Murren unter den griechischen Juden in der Gemeinde gegen die hebräischen, weil ihre Witwen übersehen wurden bei der täglichen Versorgung. Da riefen die Zwölf die Menge der Jünger zusammen und sprachen: Es ist nicht recht, dass wir für die Mahlzeiten sorgen und darüber das Wort Gottes vernachlässigen. Darum, ihr lieben Brüder, seht euch um nach sieben Männern in eurer Mitte, die einen guten Ruf haben und voll heiligen Geistes und Weisheit sind, die wir bestellen wollen zu diesem Dienst. Wir aber wollen ganz beim Gebet und beim Dienst des Wortes bleiben. Und die Rede gefiel der ganzen Menge gut; und sie wählten Stephanus, einen Mann voll Glaubens und heiligen Geistes, und Philippus und Prochorus und Nikanor und Timon und Parmenas und Nikolaus, den Judengenossen aus Antiochia. **Diese Männer stellten sie vor die Apostel; die beteten und legten die Hände auf sie.** Und das Wort Gottes breitete sich aus, und die Zahl der Jünger wurde sehr groß in Jerusalem. Es wurden auch viele Priester dem Glauben gehorsam.«
(Apostelgeschichte 6,1-7)

Die christliche Gemeinde in Jerusalem war inzwischen zu einer Megagemeinde geworden. Im vierten Kapitel der Apostelgeschichte lesen wir:

> *... die Zahl der Männer stieg auf etwa fünftausend.«* (Vers 4)

Im 32. Vers ist von *»der Menge der Gläubigen«* die Rede und im 14. Vers des 5. Kapitels wird berichtet:

> *»Desto mehr aber wuchs die Zahl derer, die an den Herrn glaubten – eine Menge Männer und Frauen.«*

Im Klartext heißt das, dass die christliche Gemeinde in Jerusalem zehntausend bis fünfzehntausend Personen zählte, wahrscheinlich noch mehr. Und damit war sie unübersichtlich geworden. Ein daraus resultierendes Problem wird im oben angeführten Text beschrieben. Bei der Armenspeisung übersah man die griechischen Witwen. Das geschah nicht vorsätzlich, es war kein böser Wille, keine Degradierung der griechischen Juden – also kein Rassenproblem. Die ganze Sache war einfach nicht sauber organisiert. Unmut und Verbitterung machten sich unter den griechischen Witwen und deren Angehörigen breit. Es war wie ein Schwelbrand, denn das Problem wurde zwar da und dort angesprochen, besonders die Betroffenen tuschelten untereinander, aber es gelangte zunächst nicht vor die Gemeindeleitung. Irgendwann jedoch brachen die Flammen durch. Petrus und die anderen Apostel erfuhren davon. Und sie reagierten sofort. Die Bibel berichtet:

> *»Da riefen die Zwölf die Menge der Jünger zusammen ...«*

Und bei dieser Gemeindeversammlung wird der entscheidende Satz gesprochen, der das Thema »Gebet« betrifft:

> *Es ist nicht recht, dass wir für die Mahlzeiten sorgen und darüber das Wort Gottes vernachlässigen. Darum, ihr lieben Brüder, seht euch um nach sieben Männern in eurer Mitte, die einen guten Ruf haben und voll Heiligen Geistes und Weisheit sind, die wir bestellen wollen zu diesem Dienst. Wir aber wollen ganz beim Gebet und beim Dienst des Wortes bleiben. Und die Rede gefiel der ganzen Menge gut ...«*

Zwei geistliche Dienstbereiche gehören unauflöslich zusammen: Der Dienst des Gebets und der Dienst des Wortes. Gebet und Verkündigung dürfen nicht getrennt werden. Dabei muss klar sein, dass das Gebet von dem hier Petrus spricht, nicht die »persönliche Stille Zeit« ist. Es wird das gemeinsame Gebet der geistlichen Verantwortungsträger angesprochen, denn Petrus sagte: »*Wir aber wollen ganz beim Gebet ... bleiben.*«

Wer den vollzeitlichen Auftrag der Verkündigung des Evangeliums hat, sollte sich diese Sätze immer wieder ins Gedächtnis rufen:

> »*Wir aber wollen ganz beim Gebet und beim Dienst des Wortes bleiben.*«

Keine Frage: Das Problem musste in der Urgemeinde in Jerusalem gelöst werden, aber Petrus und die anderen Apostel weigerten sich, diesen wichtigen diakonischen Dienstbereich zu übernehmen. Sie hatten den Auftrag, Gottes Wort weiterzusagen, und um das wirkungsvoll tun zu können, brauchte es völlige Konzentration auf Gebet und Verkündigung.

Pastoren dürfen in der Gemeinde keine »Mädchen für alles« sein. Manche Pastoren glauben zwar, dass sie unter Beweis stellen müssten, dass sie in allen Bereichen fit seien, dass sie auch handwerkliche Fähigkeiten haben, dass sie in der Lage sind, die Gemeindekasse zu verwalten, den Gemeindebrief zu schreiben, Kirchen und Gemeindehäuser zu bauen und, und, und ... und das mag ja auch der Fall sein, aber es ist nicht die Aufgabe des Pastors. Sein zentraler Bereich ist Gebet und Verkündigung. Jeder, der hauptamtlich im pastoralen Dienst steht, sollte diesen Satz immer wieder lesen:

> *»Wir aber wollen ganz beim Gebet und beim Dienst des Wortes bleiben.«*

»*Ganz*« – das ist der aufregende Begriff. Da ist keine Zeit mehr für zeitraubende Hobbys, für soziales Engagement, für Politik und Umwelt. Ich bin mir bewusst, dass ich damit Protest auslöse, dass ich in viele Fettnäpfchen trete – aber es geht hier nicht um Anerkennung, sondern um eine zentrale biblische Wahrheit. Ich disqualifiziere damit auch nicht die oben genannten Aufgabenbereiche, ich sage lediglich, dass sie für Verkündiger des Evangeliums tabu sein sollten. Sie sind wichtig, aber sie sollten nicht von denen getan werden, die dazu berufen sind, das Evangelium zu predigen. Sie müssen an geistlich qualifizierte Mitarbeiter und Mitarbeiterinnen delegiert werden.

Ich möchte zu diesem Thema noch einige autorisierte Stimmen zu Wort kommen lassen:

- Gib dich dem Gebet hin und lass dir deine Texte, deine Gedanken und deine Worte von Gott schenken. Luther verbrachte seine wertvollsten drei Stunden im Gebet.
Robert Murray McCheyne. (5)

- Ich bin überzeugt, mein Gebet ist mehr als der Teufel selbst; wenn es nicht so wäre, wäre Luther nicht so gut davon gekommen. Wenn ich das Gebet nur einen einzigen Tag vernachlässigte, würde ich viel von dem Feuer des Glaubens verlieren.
Martin Luther (6)

- Alle Bemühungen des Predigers werden vergeblich oder noch schlimmer als vergeblich sein, wenn er keine Salbung hat. Die Salbung muss vom Himmel herabkommen und einen Wohlgeruch, ein Mitgefühl und einen Wohlgeschmack über seinen Dienst ausbreiten; und unter anderen Hilfsmitteln zur Zurüstung für seinen Dienst muss die Bibel den ersten Platz einnehmen, und auch der letzte Platz muss dem Wort Gottes und dem Gebet eingeräumt werden.
Richard Cecil (7)

- Wenn unsere Salbung nicht von dem Herrn der Heerscharen kommt, sind wir Betrüger, denn nur im Gebet können wir sie empfangen. Lasst uns an inständigem, glühendem Flehen festhalten. Lass dein Fell auf der Tenne des Flehens liegen, bis es vom Himmelstau nass wird.

C. H. Spurgeon (8)

Gebet ist eine der Hauptaufgaben der Pastoren und Pastorinnen, und das gemeinsame Gebet der Mitarbeiter und Mitarbeiterinnen ist die Hauptaufgabe des Dienstes für die Gemeinde. Jede erfolgreiche Tätigkeit in der Gemeinde hat hier ihren Segen bringenden Ursprung. Es wird keine Erweckung in Ihrer Gemeinde geben, wenn Sie dieses geistliche Prinzip übersehen. Und bitte, erwarten Sie nicht, dass Ihre Gemeinde zu einer betenden und missionierenden Gemeinde wird, wenn Sie sich als Leitungsteam nicht immer wieder zum gemeinsamen Gebet treffen.

»Sie erhoben ihre Stimme einmütig zu Gott ...

... und sprachen«

In diesem Kapitel möchte ich ausführlich über die Gebetsversammlung der Gemeinde sprechen. Ich nenne sie aus Erfahrung das Stiefkind unter den christlichen Veranstaltungen. Sie ist, wenn es sie überhaupt noch gibt, die Problemveranstaltung der Kirche. Aber damit degradiert sich die Kirche zu einer Institution wie jede andere. Was die Kirche zur Kirche Jesu Christi macht und was eine Gemeinde zur Gemeinde Jesu Christi macht, was ihr göttliche Qualität gibt, göttliche Kraft und göttliche Ausstrahlung, ist das gemeinsame Gespräch mit Gott. Eine Gemeinde, die nicht mehr betet, ist immer eine kraftlose Gemeinde, danach wird sie zu einer kranken Gemeinde, und bald ist sie eine sterbende Gemeinde.

Charles Haddon Spurgeon sprach zu angehenden Pastoren vom »großen Gebetsabend der Woche« – aber das war einmal. In den meisten christlichen Gemeinden ist dieser »Abend« längst unter den Tisch gefallen. Er wurde irgendwann einmal wegen

»Siechtum« beerdigt. Doch damit wurde weitgehend auch die Vollmacht, die geistliche Ausstrahlungskraft und das Erleben der unmittelbaren Gegenwart Gottes zu Grabe getragen.

Als junger Praktikant faszinierte mich eine Geschichte, die mir ein älterer Mitarbeiter aus den Anfängen einer Freikirche am Ort erzählte. Da trafen sich in einer Erweckungsphase die zu Christus Bekehrten mehrmals in der Woche in einer großen Wohnstube. Die Versammlungen dauerten mehrere Stunden. Dabei nahm das Gebet einen dominierenden Platz ein. Immer mehr Menschen am Ort trafen ihre Entscheidung für Jesus Christus. Die Hauskirche platzte bald aus allen Nähten, und so traf man den Entschluss, ein Gemeindezentrum zu bauen. In der Nähe war ein geeigneter Bauplatz, der einem Landwirt gehörte. Er wurde zum Verkauf angeboten. Aber als die Christen bei dem Bauern vorsprachen, wehrte der aggressiv ab: »Diesen Platz verkaufe ich jedem andern, aber nicht euch Frommen.« Damit schien die Sache erledigt. Ein Freund des Bauern aber erfuhr von dem Anliegen der Christen und dem radikalen »Nein«, mit dem man ihnen die Tür wies. Er ging zu seinem Freund und sagte: »Du befindest dich in einer gefährlichen Lage. Die Christen werden jetzt um den Bauplatz beten. Und ich sage dir: Das geht nicht gut aus für dich. Entweder tritt dich ein Pferd, oder du fällst in die Jauchegrube oder es passiert sonst etwas. Ich gebe dir den Rat: Verkaufe ihnen das Stück Land. Es ist das Beste für dich.«

Heute steht auf diesem Grundstück das Gemeindezentrum. Der Landwirt hat damals sehr schnell den Kaufvertrag abgeschlossen und er reduzierte noch den Preis.

Ich habe über diese Geschichte zuerst lachen müssen, aber dann erkannte ich plötzlich die eigentliche Bedeutung dieses Berichtes: Die Christen waren als wirkungsvolle Beter bekannt. Ganz sicher haben sie nicht darum gebetet, dass dem Bauern etwas zustößt. Das hatte sich der Freund des Bauern so ausgedacht. Aber auf Grund von Erfahrungen hatte es sich offenbar im Ort herumgesprochen, dass Gott die Gebete dieser Christen erhört.

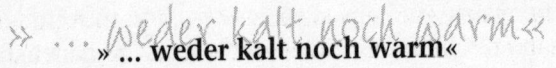

» ... weder kalt noch warm «

Was ist das Markenzeichen Ihrer Gemeinde? Ein brillanter Chor? Der reich sortierte Bazar? Die abwechslungsreichen Familiengottesdienste? Das Straßenfest vor der Kirche mit dem beliebten Flohmarkt? Die Seniorentreffs bei Kaffee und Kuchen? Die kreativen Gottesdienste mit Theater, Talkshow, Filmeinspielung und moderner Musik?

Ich habe den Eindruck, dass unsere immer umfangreicheren Angebote nur die geistliche Armut überdecken, dass sie wie Tapeten sind, die man über eine rissige und feuchte Wand klebt. Ich habe das starke Empfinden, dass der auferstandene Herr heute zu vielen kirchlichen und freikirchlichen Gemeinden das Gleiche sagen würde, was er vor neunzehnhundert Jahren der Gemeinde in Laodizea mitteilen musste:

> *»Du sprichst: Ich bin reich und habe genug und brauche nichts! und weißt nicht, dass du elend und jämmerlich bist, arm, blind und bloß.«* (Offenbarung 3,17)

Wissen Sie, was Jesus Christus an der Gemeinde in Laodizea beanstandete? Wissen Sie, was ihn dazu veranlasste, derart starke Worte wie »elend, jämmerlich, arm, blind und bloß« zu gebrauchen? Wissen Sie, was die ausschlaggebende Fehlanzeige war, die alles, was in der Gemeinde geschah, wirkungslos machte? Das vernichtende Wort heißt »lau«. Die Gemeinde in Laodizea war wohltemperiert. Sie hatte sich angepasst. Ihr fehlte das Feuer des Heiligen Geistes. Ihr fehlte die göttliche Glut. Ihr fehlte die Retterliebe. Ihr fehlte die Begeisterung an Jesus. Darum lesen wir in der Bibel:

> *»Ich kenne deine Werke, dass du weder kalt noch warm bist. Ach dass du kalt oder warm wärest! Weil du aber lau bist... werde ich dich ausspeien aus meinem Munde.«* (Offenbarung 3,15.16)

Lau ist keine Geschmacksache. Lau ist keine Angelegenheit eines möglichen Frömmigkeitsstils. Lau ist die Temperatur, die Jesus Christus anekelt. Und es gibt nur einen Weg – bitte lesen Sie diesen Satz genau – nur einen Weg, nur eine Möglichkeit, nur eine Chance, die göttliche Glut zu bekommen oder sie wieder zu bekommen: das gemeinsame Gebet.

Der auferstandene Herr spricht ja in diesen Sendschreiben nicht einzelne Christen an. Jesus Christus spricht die gesamte Gemeinde an. Ihre Stellung vor Gott steht auf dem Prüfstand. Und dabei differenziert er in seinem Urteil über Laodizea nicht. Er sagt nicht: Einige unter euch sind ja noch ganz annehmbar, aber das Gros hat eine geistliche Temperatur, die ich verabscheue. Nein, Jesus »misst die Durchschnittstemperatur« der Gemeinde und dabei zeigt die geistliche »Quecksilbersäule« wohltemperierte 20 Grad. Ein angepasstes Christsein, das von allen Einwohnern Laodizeas akzeptiert wurde. Jesus aber will warme Gemeinden. Die Bibel spricht vom Feuer des Heiligen Geistes:

> *Und es geschah plötzlich ein Brausen vom Himmel wie von einem gewaltigen Wind und erfüllte das ganze Haus, in dem sie saßen. Und es erschienen ihnen Zungen zerteilt, wie von Feuer; und er setzte sich auf einen jeden von ihnen, und sie wurden alle erfüllt von dem Heiligen Geist.*«
> (Apostelgeschichte 2,2-4)

Auf den folgenden Seiten will ich die Gebetsversammlungen kommentieren, die in der Bibel berichtet werden. Sie werden dabei entdecken, dass sie alle von Glut und Hingabe, von Einsatz und Wirkungen gekennzeichnet sind.

Gemeinsames Gebet in der neutestament- lichen Gemeinde

Wer die Apostelgeschichte öffnet und die Berichte über die Geburtsstunde und die Ausbreitung der Gemeinde Jesu liest, wird entdecken, dass das Gebet eine entscheidende Rolle spielt. Dabei wird besonders das gemeinsame Gebet betont. Ich habe im letzten Kapitel das gemeinsame Gebet geistlicher Führungskräfte beschrieben. In diesem Kapitel werden wir entdecken, dass Gemeinden Gottes Angesicht suchen – und wie Gemeinden Gottes Angesicht suchen. Sie werden sehen, wie sie gemeinsam Gott anbeten. Sie werden lesen, wie sie gemeinsam Gottes Thron mit Bitten bestürmen. Und Sie werden entdecken, wie sie gemeinsam die Segnungen des Gebets erleben.

Gebetsgemeinschaft – die »Feuer« auslöst

Die erste Gebetsversammlung, die im Neuen Testament berichtet wird, zeigt die kleine Gruppe der Männer und Frauen, die mit Jesus unterwegs waren, die unter dem Kreuz standen und die den Auferstandenen erlebt hatten:

»Und als Jesus mit ihnen zusammen war, befahl er ihnen, Jerusalem nicht zu verlassen, sondern zu warten auf die Verheißung des Vaters, die ihr, so sprach er, von mir gehört habt; denn Johannes hat mit Wasser getauft, ihr aber sollt mit dem Heiligen Geist getauft werden nicht lange nach diesen Tagen. Die nun zusammengekommen waren, fragten ihn und sprachen: Herr, wirst du in dieser Zeit wieder aufrichten das Reich für Israel? Er sprach aber zu ihnen: Es gebührt euch nicht, Zeit oder Stunde zu wissen, die der Vater in seiner Macht bestimmt hat; aber ihr werdet die Kraft des Heiligen Geistes empfangen, der auf euch kommen wird, und werdet meine Zeugen sein in Jerusalem und in ganz Judäa und Samarien und bis an das Ende der Erde.
Und als er das gesagt hatte, wurde er zusehends aufgehoben, und eine Wolke nahm ihn auf vor ihren Augen weg. Und als sie ihm nachsahen, wie er gen Himmel fuhr, siehe, da standen bei ihnen zwei Männer in weißen Gewändern. Die sagten: Ihr Männer von Galiläa, was steht ihr da und seht zum Himmel? Dieser Jesus, der von euch weg gen Himmel aufgenommen wurde, wird so wiederkommen, wie ihr ihn habt gen Himmel fahren sehen. Da kehrten sie nach Jerusalem zurück von dem Berg, der heißt Ölberg und liegt nahe bei Jerusalem, einen Sabbatweg entfernt. Und als sie hineinkamen, stiegen sie hinauf in das Obergemach des Hauses, wo sie sich aufzuhalten pflegten: Petrus, Johannes, Jakobus und Andreas, Philippus und Thomas, Bartholomäus und Matthäus, Jakobus, der Sohn des Alphäus, und Simon der Zelot und Judas, der Sohn des Jakobus.

> *Diese alle waren stets beieinander einmütig*
> *im Gebet samt den Frauen und Maria, der*
> *Mutter Jesu, und seinen Brüdern.«*
> (Apostelgeschichte 1,4-14)

Ich möchte das offen ansprechen, was mich mehr und mehr bedrängt und mir bei meinen Diensten und Gemeindebesuchen auffällt. Es kann mit dem provozierenden Begriff »Insider-Mentalität« ausgedrückt werden. Unseren Gemeinden fehlt weithin die missionarische Stoßkraft, die Sehnsucht, Verlorene zu retten, das brennende Herz, das Evangelium denen zu sagen, die ohne Jesus Christus ihr Leben gestalten. Wir drehen uns um uns selbst. Nahezu alle Gemeindeaktivitäten sind auf die abgestimmt, die zur Gemeinde gehören. Wir können kaum noch etwas in das Gemeindeprogramm hinein packen. Wir sind voll beschäftigt – aber mit uns selbst. Wir bewegen uns pausenlos – aber ziellos. Wir haben in unserem Land zu einem erschreckend hohen Prozentsatz reine Betreuungsgemeinden. Sie gleichen einer geschlossenen Gesellschaft. Sie sind eine religiöse Subkultur. Damit aber gehen wir an dem Auftrag vorbei, den Gott uns gegeben hat. Jesus sagte:

> *»Ihr werdet die Kraft des Heiligen Geistes empfangen ... und werdet meine Zeugen sein.«*

Genau an diesem zentralen Bereich geistlichen Lebens ist so oft Fehlanzeige. Nun bin ich nicht der Überzeugung, dass dies mit neuen missionarischen Konzepten und erhöhter evangelistischer Aktivität geändert werden kann. Es wurden viele gute Konzepte erarbeitet und diverse Bücher geschrieben. Aber das hat nicht die Wende gebracht.

- Was uns offensichtlich als Pastoren und Pastorinnen fehlt, ist die Kraft des Heiligen Geistes.
- Was uns offensichtlich als Mitarbeitern und Mitarbeiterinnen fehlt, ist das Feuer des Heiligen Geistes.
- Was uns offensichtlich als Gemeinden fehlt, ist die Dynamik des Heiligen Geistes.

Hätten wir diese Kraft, dieses Feuer, diese Dynamik, von der Jesus gesprochen hat, dann würden wir in unseren Gemeinden »Pfingsten« erleben, und wir würden das erleben, was Pfingsten damals ausgelöst hat.

Wie aber können wir wieder an diese Quelle der Kraft und Liebe herankommen? Die Bibel gibt die Antwort: Durch das, was die Männer und Frauen damals taten, denen Jesus diese Kraft versprochen hatte. Die Bibel sagt, dass sie beteten. Und zwar beteten sie nicht nur eine Stunde und gingen danach auf die Straße, um zu predigen und Gemeinde zu bauen. Wir lesen:

> *»Sie kehrten nach Jerusalem zurück ... und waren stets beieinander einmütig im Gebet samt den Frauen ...«* (Apostelgeschichte 1,12-14)

Zehn Tage Gebet. Zehn Tage in Gottes unmittelbarer Gegenwart. Zehn Tage Warten auf die Erfüllung dessen, was Jesus gesagt hatte.

Ich habe den Eindruck, dass es genau das ist, was wir heute brauchen. Allein Gebet kann uns an die göttliche Quelle der Kraft und Liebe führen.

Beachten Sie bitte, dass Jesus Christus seinen Jüngern befohlen hatte, so lange zu schweigen, bis sie die Kraft des Heiligen Geistes empfangen haben. Das heißt doch im Klartext: Jesus verbot ihnen zu predigen. Jesus verbot ihnen in der Öffentlichkeit von ihm zu sprechen. Jesus verbot ihnen, den Missionsauftrag in die Praxis umzusetzen. Er verordnete ihnen »Quarantäne« bis zu der Stunde, wo sie die Kraft des Heiligen Geistes empfangen würden. Warum? William Dell hat darauf folgende Antwort gegeben: »Die Prediger des Evangeliums müssen notwendig die Kraft des Heiligen Geistes haben, weil sie sonst für ihren Dienst nicht genügen. Denn niemand ist für die Arbeit der Verkündigung durch natürliche Gaben oder eigene Fähigkeiten geeignet. Auch kann sich niemand irgendetwas durch menschliche Gelehrsamkeit oder Erkenntnis aneignen, sondern was allein geeignet macht, ist die Kraft des Heiligen Geistes; wenn er damit nicht angetan ist, so ist er trotz aller seiner anderen Vorzüge vollständig ungenügend. Darum mussten sogar die Apostel schweigen, bis sie mit Kraft von oben angetan waren. Wenn ein Christ diese Kraft des Heiligen Geistes nicht hat, so hat er überhaupt keine Kraft.« (9)

Und Charles Haddon Spurgeon schrieb zu diesem Thema: »Wenn der Heilige Geist unsere Arbeit mit seinem Siegel der Kraft versehen würde, so würden wir uns wenig um unsere Talente kümmern. Die Menschen mögen arm und ungebildet sein, ihre Worte mögen gebrochen und grammatisch unrichtig sein, aber wenn die Kraft des Heiligen Geistes mitwirkt, so kann der bescheidenste Evangelist erfolgreicher sein als der gelehrteste Professor der Theologie oder der beredteste Prediger. Der Sieg ist der außerordentlichen Kraft Gottes und nicht dem Talent zugesichert. Wir brauchen die außerordentliche geistliche Salbung und nicht die außerordentliche Kraft des Verstandes. Verstandeskraft mag eine Kapelle füllen, aber Geisteskraft füllt die Kirche mit dem Schrei des Menschen nach Rettung. Verstandeskraft mag große Versammlungen zu Stande bringen, aber Geisteskraft allein kann Seelen retten. Wir brauchen Geisteskraft.« (10)

Wer die Bücher dieses wortgewaltigen Predigers des 19. Jahrhunderts gelesen hat, der weiß, dass Spurgeon nicht der Dummheit das Wort geredet hat. Mit diesen provozierenden Sätzen wollte er lediglich geistliche Akzente setzen.

Während eines Gottesdienstes im April 1999 drang ein Gedanke in mein Herz: Was könnte das in den Gemeinden auslösen, wenn wir einmal einen Monat alle Veranstaltungen zu Gebetsveranstaltungen erklären würden! Was könnte das in den Gemeinden auslösen, wenn wir nur ein Ziel hätten: Gemeinsam das Angesicht Gottes suchen – in allen Gottesdiensten, in allen Übungsstunden, in allen Gemeindekreisen! Einmal keine Aktivitäten, sondern ausschließlich Gott begegnen. Vielleicht würden wir dabei zuerst unsere geistliche Armut empfinden. Können wir noch gemeinsam beten? Können wir noch die Stille vor Gott aushalten? Können wir noch zugeben, dass wir »arm, blind und bloß« sind?

Mir ist bewusst, dass das enorm provozierende Sätze sind. Ich bin mir darüber völlig im Klaren, dass ich mich dabei sehr weit aus dem Fenster hänge. Aber sollten wir nicht endlich einmal einen außergewöhnlichen und sehr unkonventionellen, aber biblisch klar abgedeckten Weg gehen? Ich erwarte keine spektakulären Paukenschläge. Ich erwarte eine neue Liebe und eine neue Kraft. Ich erwarte ein neues Brennen für Jesus und für eine verlorene Welt. Und es ist doch keine Frage, dass wir das brauchen.

Ich möchte hier noch ein Bild anfügen, das mir beim Überdenken unserer kirchlichen Situation einfiel. Ich dachte an ein gewaltiges Bauunternehmen, das an einem Flussbett mit modernsten Maschinen arbeitet. Die Ingenieure, die Techniker, die Vorarbeiter sind geschulte Fachkräfte. Das Flussbett wird begradigt, neue Flussarme werden ausgebaggert, Abfälle werden beseitigt. Der Grund des enormen Einsatzes: Es sind nur noch kleine Rinnsale von Wasser zu sehen. Aber die ganze Aktivität ändert nichts an der Situation – kaum Wasser. Plötzlich aber wird der eigentliche Grund des Problems entdeckt: Die Quelle ist verstopft. Jeder weiß es: Wenn die Quelle freigeräumt wird, wird das Wasser das Flussbett wieder füllen.

Gebet, ernstliches Gebet, dringliches Gebet, gemeinsames Gebet könnte die Quelle wieder freilegen. Die Bibel berichtet, dass Gott diese »Quelle öffnete«, als die kleine Jüngergruppe vor Pfingsten zehn Tage in erwartungsvollem Gebet war. Ich nenne noch einmal das, was geschah:

> *»Und es geschah plötzlich ein Brausen vom Himmel wie von einem gewaltigen Wind und erfüllte*

> *das ganze Haus, in dem sie saßen. Und es erschienen ihnen Zungen zerteilt, wie von Feuer; und er setzte sich auf einen jeden von ihnen, und sie wurden alle erfüllt von dem Heiligen Geist.«*
> (Apostelgeschichte 2,2-4)

Allen, die theologisch heilsgeschichtlich denken, möchte ich verraten, dass auch ich dieses Pfingstereignis als ein einmaliges nicht wiederholbares Geschehen verstehe. Ich erwarte also nicht unbedingt ein *»Brausen vom Himmel wie von einem gewaltigen Wind«*. Ich lege mich nicht fest auf *»Zungen zerteilt, wie von Feuer«*. Ich halte nicht krampfhaft Ausschau nach einem neuen Sprachenwunder (Vers 8). Ich will geradezu warnen davor, sich irgendwie vorzustellen, wie Gott seine Liebe und seine Kraft neu und überwältigend schenkt. Bei Gott gibt es keine Wiederholung. Wir entdecken das in der Apostelgeschichte. Sie berichtet an einigen Stellen, wie Gottes Geist erneut ausgegossen wurde. Dabei lesen wir nie wieder von *»einem Brausen vom Himmel wie von einem gewaltigen Wind«*, oder von *»Zungen zerteilt, wie von Feuer«*. Aber ich erwarte vom gemeinsamen Gebet einen geistlichen Durchbruch, einen spürbaren Klimawechsel in der Gemeinde, eine neue missionarische Stoßkraft.

Darf ich Sie darauf aufmerksam machen, dass die Jünger an jenem Tag, als Jesus ihnen versprach, dass sie den Heiligen Geist empfangen würden, ganz andere Fragen bewegten. Sie dachten an die Königsherrschaft Gottes. Sie wollten von Jesus wissen, wann er sein Reich aufrichten würde. Erkenntnisfragen beschäftigten sie. Aber Jesus riss sie aus diesen theologischen Überlegungen und zeigte ihnen, was jetzt dran ist. Er machte ihnen deutlich, dass es jetzt nicht um Wissen geht, sondern um Kraft. Er öffnete ihnen die Augen dafür, dass es jetzt nicht um Erkenntnis geht, sondern um Liebe. Er holte sie herunter von der Ebene menschlicher Wunschvorstellungen und stellte sie auf den Boden des Willens Gottes. Hören Sie noch einmal, was er sagte:

>*Es gebührt euch nicht, Zeit oder Stunde zu wissen, die der Vater in seiner Macht bestimmt hat; aber ihr werdet die Kraft des Heiligen Geistes empfangen, der auf euch kommen wird, und werdet meine Zeugen sein in Jerusalem und in ganz Judäa und Samarien und bis an das Ende der Erde.*«*

Und darauf kommt es auch heute an. Darauf kommt es bei Ihnen an. Darauf kommt es in Ihrer Gemeinde an. Dieser Satz hat die Männer und Frauen damals ins Gebet getrieben. Sie erkannten, dass sie eine übernatürliche Kraft brauchten, um diesen Auftrag auszuführen. Und sie beteten ... bis der Heilige Geist sie erfüllte.

In seinem Buch »Keine Erweckung ohne Buße« schreibt Oswald Smith: »Ernstes Gebet, gemeinsames Gebet und anhaltendes Gebet, das sind die Bedingungen; wenn sie erfüllt werden, werden wir ganz sicher angetan mit Kraft aus der Höhe. Wir dürfen nie erwarten, dass die Kraft des Geistes über uns kommt, weil wir irgendwie einmal dafür erwachen und darum bitten. Auch hat keine Gemeinde von Gläubigen ein Recht, nach einer besonderen

Auswirkung des Heiligen Geistes auszuschauen, wenn sie nicht bereit ist, sich im Gebet zu vereinigen und zwar einmütig, sodass das gemeinsame Gebet so ernst ist, als ginge es um die ganz persönliche Angelegenheit jedes einzelnen.« (11)

Vielleicht fragen Sie: Was haben die Jünger und Jüngerinnen damals zehn Tage lang gebetet? Zehn Tage Gebet? Ein solcher Gedanke ist ja geradezu erschreckend. Sie hatten kein Programm in der Hand. Sie hatten keine Anbetungsband. Sie hatten keine Folien und keinen Tageslichtprojektor.

Ich kann Ihnen diese Frage natürlich nicht beantworten. Aber ich stelle einige Gegenfragen:
- Trauen wir es dem Heiligen Geist noch zu, unser Herz und unseren Sinn so zu bewegen, dass wir Worte der Anbetung finden?
- Trauen wir es dem Heiligen Geist noch zu, dass er ein Sehnen hineinlegt, das uns Stunden in seiner Gegenwart hält?
- Trauen wir es dem Heiligen Geist noch zu, dass er unser Herz so mit Liebe zu Jesus erfüllt, dass wir es vergessen, auf die Uhr zu schauen?

Vor einigen Wochen habe ich eine solche vom Heiligen Geist geprägte Gebetszeit erlebt. Es waren keine zehn Tage, es war nur eine Nacht. Aber es war eine tief greifende Erfahrung, was Gottes Geist vermag. Diese Gebetszeit begann um 22.00 Uhr und endete am nächsten Tag um 7.00 Uhr. Jede Stunde kam ein Mitarbeiter als Gebetspartner dazu. Die Zeit verging wie im Flug. Die Atmosphäre war von Erwartung und Glauben geprägt. Liebe erfüllte unsere Herzen.

Wir beteten an. Wir sprachen Namen vor Gott aus. Wir beteten für den Ort, an dem unser Missionszelt stand. Auch wir hatten kein Programm, aber wir erlebten Inspirationen des Heiligen Geistes. Er zeigte uns Bibeltexte und Verheißungen. Schenkte Bilder und Worte. Und das Wichtigste: Er erfüllte uns neu mit seinem Geist. Unsere Herzen fingen Feuer.

O.k. – es waren keine zehn Tage, es waren nur acht Stunden. Aber für den Heiligen Geist sind auch zehn Tage kein Problem.

Was war das Besondere dieser ersten im Neuen Testament berichteten Gebetsgemeinschaft? Es war eine Gebetszusammenkunft, die von Erwartung geprägt war, nicht von einer undefinierbaren Erwartung, oder gar menschlichem Wunschdenken entsprungenen Erwartung. Nein, es war eine Erwartung, die ein Satz auslöste, den Jesus sprach. Die Bibel berichtet:

> *»Und als Jesus mit ihnen zusammen war, befahl er ihnen, Jerusalem nicht zu verlassen, sondern zu warten auf die Verheißung des Vaters, die ihr, so sprach er, von mir gehört habt; denn Johannes hat mit Wasser getauft, ihr aber sollt mit dem Heiligen Geist getauft werden nicht lange nach diesen Tagen.«*

Ich wiederhole diesen Satz: »*... ihr aber sollt mit dem Heiligen Geist getauft werden nicht lange nach diesen Tagen.*« Betend warteten sie auf die Erfüllung dieses Versprechens. Sie warteten im Gehorsam, denn Jesus befahl ihnen, auf die Kraft des Heiligen Geistes zu warten. Sie hatten keine Vorstellung, wie das geschehen würde, aber sie warteten. Jesus hatte ihnen auch den Tag und die Stunde, wann das geschehen würde, nicht verraten. Das alles war offen – aber genau das hielt sie zusammen. Keiner wollte dieses Ereignis verpassen. Sie wollten dabei sein, wenn der Heilige Geist in Kraft kommt.

Vielleicht können Sie sich vorstellen, dass diese Verheißung Jesu in ganz besonderer Weise eine Gemeinschaftsatmosphäre und eine Gebetsatmosphäre schenkte? Es war eine Atmosphäre, die geprägt war von einer frohen Erwartung, von einer dynamischen Erwartung und von einer spannenden Erwartung. Die Beter erwarteten nichts von sich. Die Beter erwarteten nichts von Petrus oder Johannes. Die Beter erwarteten nichts von Maria, der Mutter Jesu oder von seinen leiblichen Brüdern. Die Beter erwarteten alles ausschließlich von Gott.

Und dann kennzeichnete diese Gebetsversammlung noch etwas: Sie war frei von Gebetsdruck, frei von seelischer Manipulation, frei von Erfolgszwang. Sie wussten, dass Gott es tun würde.

Ich wünsche mir solche Gebetsversammlungen. Ich sehne mich nach Gebetsgemeinschaften mit Menschen, die alles von Gott erwarten, aber die wirklich erwarten, die freudig und gespannt erwarten und die nicht nach einer halben Stunde schon auf die Uhr schauen und nach einer Stunde frustriert oder gezwungen lächelnd »Amen« sagen und dann den Status Quo akzeptieren. Ich wünsche mir Gebetsversammlungen, in denen wartendes Schweigen, wartendes Bitten, wartendes Rufen und vielleicht auch wartendes Weinen nicht als peinlich empfunden wird.

Feuer von oben

Dann kam das Feuer von oben. Gottes Heiliger Geist erfüllte sie. Das war das Ergebnis dieser Gebetstage. Was dabei geschah, ist Ihnen sicher bekannt. Ausführlich berichtet die Apostelgeschichte in Kapitel 2 davon. Wenn Sie diesen Bericht lesen, möchte ich Sie noch einmal davor warnen, das Gleiche erleben zu wollen. Ich sagte schon: Gott kennt keine Wiederholung. Aber es gibt Grunderfahrungselemente, die auch Sie erleben können. Einige möchte ich hier nennen.

Geistliche Freiheit

Keine Frage: Wenn Gottes Geist einen Menschen erfüllt, dann ist er begeistert von Gott, und begeisterte Menschen reden begeistert. Genau das geschah, als Gottes Geist auf die Jüngergruppe fiel. Kraft und Freude erfüllte sie. Sie wussten plötzlich, dass sie die beste und wichtigste Botschaft der Welt haben. Die Menschen, die sie hörten, waren erstaunt, auch zum Teil verwirrt und ratlos: Ist es normal, so begeistert von Gott zu reden? Gehört die Rede von Gott nicht in den Tempel – in die Kirche? Ist die Rede von Gott nicht nur eine Sonntagsangelegenheit? Und kann man überhaupt so sicher von Gott reden?

Ich übertrage mit diesen Fragen den biblischen Bericht in das 21. Jahrhundert. Diese vom Geist Gottes autorisierte Reportage korrigiert alle Vorstellungen vom heute allgemein gelebten wohl tempe-

rierten Christsein. Der Heilige Geist schenkt die
Freiheit, religiöse Traditionen und gesellschaftliche
Traditionen zu durchbrechen und einen Gott zu
proklamieren, der dynamisch ist, der erfahrbar ist
und der präsent ist. Und das gilt auch für heute.

Geistliche Klarheit

Was Petrus unter der Inspiration des Heiligen
Geistes sagt, ist eindeutig, ist aktuell, ist zentral. Das war keine theologische Vorlesung, das war
allgemein verständlich, praktisch, persönlich und
motivierend.

Erstens: Hier wird die Autorität der Bibel bezeugt.
Petrus beginnt seine Rede mit dem Hinweis auf die
Thora, auf die damals bekannte Bibel. Er erklärt das
Ereignis der Sendung des Heiligen Geistes und zitiert den Propheten Joel. Er erklärt die Auferstehung Jesu und zitiert dabei den Psalm 16. Er spricht
von der Macht, die Gott der Vater seinem Sohn gegeben hat, und beruft sich dabei auf den ersten Vers
aus Psalm 110. Lassen Sie mich das bildhaft sagen:
Petrus hatte bei seiner Rede die geöffnete Bibel in
der Hand. Und er sagte nicht: »Ich bin der Überzeugung, ...«, »Ich meine, ...«, »Ich nehme an, ...«. Er
sagte: »So spricht Gott«. Und das wird auch das
Kennzeichen Ihrer Gespräche sein, die Sie mit gott-
suchenden Menschen, mit Atheisten und dem
Glauben skeptisch gegenüberstehenden Menschen
führen. Wenn Gottes Geist Sie erfüllt, werden Sie
überzeugend sagen können: »Gottes Wort sagt ...«

Zweitens: Hier ist Jesus Christus die Mitte in der Predigt. Die Rede des Petrus ist ein ständiger und beeindruckender Hinweis auf Jesus Christus. Es ist keine religiöse Gott-Rede, sondern eine christuszentrierte Verkündigung. Dreimal lesen wir in der Wiedergabe der Pfingstpredigt: »Diesen Jesus«. Es ist wie ein überdimensionaler Scheinwerfer, der auf Jesus Christus gerichtet ist, ihn proklamiert, ihn in den Mittelpunkt rückt, ihn als den Einzigartigen und Unvergleichlichen erklärt.

In Vers 23 steht:

> *Diesen Mann, der durch Gottes Ratschluss und*
> *Vorsehung dahingegeben war.«*

Petrus erklärt, dass die Hinrichtung Jesu auf dem Hügel Golgatha kein »Betriebsunfall« war, sondern ewiger Plan Gottes. Damals wurde die Tür zum Himmel wieder geöffnet, denn Jesus nahm am Kreuz die Sünden jedes Menschen auf sich. Er beseitigte das, was die Tür zur Ewigkeit für jeden Menschen verriegelt hatte.

In Vers 32 können Sie lesen:

> *Diesen Jesus hat Gott auferweckt; dessen sind*
> *wir alle Zeugen.«*

Petrus proklamiert Jesus als den Sieger über die Großmacht des Todes. Das bis jetzt einzige leere Grab der Menschheitsgeschichte ist das Grab von Jesus. Etwas Einmaliges und Unfassbares ist geschehen: Ein Verstorbener begegnet drei Tage nach seiner Beerdigung denen, die ihn zu Grabe getragen haben. Jeder soll und jeder muss das wissen: Die glühende Wand des Todes ist durchbrochen. Leben,

ewiges Leben ist für jeden Menschen möglich.
In Vers 36 steht:

> »Diesen Jesus hat Gott zum Herrn und Christus
> gemacht.«

Petrus verkündigt die Thronbesteigung Jesu. Jesus ist die Spitze der gesamten Schöpfung. Er ist der wahre Kyrios, der Herr aller Herrn, der von Gott gesalbte und damit gekrönte König des Universums. Das ist Fakt.

Drittens: Der Ruf zu Jesus. Wenn der Heilige Geist zu Wort kommt, dann ist eine Predigt keine bloße Information, sondern ein Ruf, ein eindeutiger Appell, eine dringliche Motivation zur Bekehrung, eine Aufforderung zur Lebensübereignung an den Sohn Gottes. Diese Aufforderung ist unzweideutig, dringlich und von geistlicher Freiheit geprägt. Mit einer solchen Aufforderung endet die Pfingstrede:

> »Tut Buße, und jeder von euch lasse sich taufen
> auf den Namen Jesu Christi zur Vergebung eurer
> Sünden, so werdet ihr empfangen die Gabe des
> Heiligen Geistes.« (Vers 38)

Und der Berichterstatter Lukas kommentiert:

> »Auch mit vielen anderen Worten bezeugte er das
> und ermahnte sie und sprach: Lasst euch erretten
> aus diesem verkehrten Geschlecht.« (Vers 40)

Geistliche Wirkungen

Wenn der Geist Gottes am Werk ist, gibt es geistliche Wirkungen. Die Bibel berichtet, dass die Rede des Petrus die Herzen der Zuhörer traf und ungefähr dreitausend Menschen dem Ruf zur Entscheidung folgten. Das war die Geburtsstunde der Gemeinde Jesu – und ich wiederhole das noch einmal – das war die Wirkung der ersten Gebetsgemeinschaft.

Beter sehnen sich nach einer neuen Erfüllung der Gemeinde Jesu mit dem Heiligen Geist. Beter sehnen sich nach dem Feuer, das aus dem Himmel kommt. Ich betone das ausdrücklich: Feuer, das aus dem Himmel kommt. Es darf kein seelisches Feuer sein, kein selbst gemachtes Feuer und erst recht kein Feuer von unten.

Gebetsgemeinschaft – die Dauerbrenner ist

1967 wurden wir, meine Frau und ich, an eine Gemeinde berufen, die wir selbstständig zu leiten hatten. Ich sehe das alte zweistöckige Haus noch vor mir. Unten war der Gottesdienstraum, im ersten Stock wohnten wir und im zweiten Stock eine weitere Familie. Der Kirchensaal war wenig einladend und die Wohnungen waren auch nicht gerade in einem erfreulichen Zustand – ich drücke das liebevoll aus. Aber am schlimmsten war der Keller. Er war voll altem Gerümpel, und dazwischen stand ein großer Koksofen, mit dem der Saal beheizt werden sollte. Man sagte mir, dass das unsere Aufgabe sei, eine Tätigkeit, die im Winter Sonntag für Sonntag, und Mittwoch für Mittwoch getan werden müsse. Nach den ersten mühsamen Heizversuchen standen wir vor folgender Entscheidung: Entweder den großen Ofen an jedem Sonntag und an jedem Mittwoch neu anzuheizen – und das musste einige Stunden vor den Veranstaltungen geschehen, weil sonst der unterkühlte Gottesdienstraum nicht warm zu kriegen war – oder den Ofen die ganze Woche hindurch mit Koks zu versorgen und so eine gewisse Temperatur zu halten. Wir entschlossen uns schließlich für die zweite Variante. Sie war weniger dramatisch und bewährte sich. Wir erreichten dadurch eine angenehme Temperatur.

Irgendwann ist mir das zu einem Gleichnis für die geistliche Gemeindetemperatur geworden. Entweder eine Gemeinde fährt die sonst eher kühle Temperatur für besondere Gemeindeereignisse – Evangelisation, Bibelwoche, Gästegottesdienst – dadurch hoch, indem vor solchen Anlässen eine Gebetsnacht durchgeführt wird oder spezielle Gebetstage geplant werden. Oder die Gemeinde hält geistliche Wärmegrade, indem »immer« gebetet wird. Ich nenne zur Erklärung des Begriffs »immer« einige Beispiele: Eine gut vorbereitete und gut gestaltete Anbetungszeit im Gottesdienst, verschiedene Kleingebetsgruppen, die sich während der Woche treffen, und einen wöchentlichen Gemeindegebetsabend, der aktuelle Fürbitteanliegen aufgreift.

In der ersten christlichen Gemeinde in Jerusalem geschah das zuletzt Genannte. Die Gläubigen trafen sich täglich zum Gebet. Die Bibel berichtet:

> *Die nun sein Wort annahmen, ließen sich taufen; und an diesem Tage wurden hinzugefügt etwa dreitausend Menschen.* **Sie blieben aber beständig** *in der Lehre der Apostel und in der Gemeinschaft und im Brotbrechen und* **im Gebet.***«*
> (Apostelgeschichte 2,41+42)

Ich möchte zuerst darauf aufmerksam machen, dass alle vier hier genannten geistlichen Bereiche – Lehre, Gemeinschaft, Abendmahl, Gebet – damals Gemeinschaftsereignisse waren. Also auch die »Lehre der Apostel« und das »Gebet« wurden nicht nur individuell, sondern in der Gemeinde praktiziert. Oft wird das ja so gedeutet, dass die Lehre der Apostel heute durch das Studium der Bibel möglich ist und Gebet zu Hause im »Kämmerlein« seinen Platz hat. Das ist natürlich nicht falsch, aber in diesem biblischen Bericht geht es um das gemeinsame Hören auf Gottes Wort und – was unser Thema betrifft – um das gemeinsame Beten. Es wird berichtet, dass die Christen »*beständig im Gebet blieben*«. Ergänzend und erklärend muss dazu nun noch ein weiterer Satz aus dieser Reportage über die erste Gemeinde gelesen werden:

> *»... sie waren täglich einmütig beieinander.«*
> (Vers 46)

Durch täglich einmütiges Beten und Hören auf Gottes Wort wurde die geistliche Atmosphäre in einer Temperatur gehalten, in der Menschen sich wohl fühlten und sich dem Evangelium öffneten. Darum endet dieser erste Gemeindebericht mit der erstaunlichen und wunderbaren Feststellung:

> *»Der Herr aber fügte täglich zur Gemeinde hinzu, die gerettet wurden.«* (Vers 47)

Eine Gemeinde, in der Gebet »Dauerbrenner« ist, ist eine Gemeinde, die wächst, die geistliche Ausstrahlung hat und die anziehend für Fernstehende ist.

Wann kam in Ihrer Gemeinde zum letzten Mal jemand zum Glauben an Jesus Christus? Wann hat sich zuletzt ein Kirchendistanzierter in einer der Veranstaltungen für Jesus Christus entschieden? Ich kenne Gemeinden, in denen solche Erfahrungen Jahre zurückliegen. Wo keine Außenstehenden mehr Christen werden, verkommt die Gemeinde zur Insidergemeinde. Sonntag für Sonntag dieselben Gesichter. Jeder hat seinen Stammplatz. Alles läuft routinemäßig ab. Und ich sage Ihnen etwas, was Sie nachprüfen können: Das gemeinsame Gebet, wie es oben beschrieben wurde, gibt es in diesen Gemeinden nicht mehr. Die geistliche Temperatur erreichte im Laufe der Jahre die Null-Grad-Grenze.

Zurück zum biblischen Bericht. Im Grundtext steht der Begriff »Gebet« im Plural: *»Sie blieben aber beständig in den Gebeten.«* Die bunte Palette der verschiedenen Gebetsmöglichkeiten wurde hier praktiziert: Dank und Lob, Anbetung und Danksagung, Bitte und Fürbitte. Es waren also keine eintönigen und langweiligen Gebetsversammlungen. Diese Treffen strahlten Freude und Ergriffensein aus, Begeisterung und Erwartung. Ich möchte die verschiedenen Gebetsvarianten kurz beschreiben:

- **Dank – das frohmachende Gebet**: Sicher finden auch Sie vieles, für das Sie Gott danken können. Wer denkt, der dankt. Und Dank, der von Herzen kommt, löst in einer Gebetsversammlung Freude aus – Freude, die ansteckt und die auch andere zum Danken bewegt. Dank ist ein Türöffner für die Gebetsgemeinschaft. Die Bibel ermutigt zum gemeinsamen Dank:

> *»Gehet zu seinen Toren ein mit Danken.«*
> (Psalm 100,4)

- **Lob – das jubelnde Gebet**: Das kann in Loblieder und Lobchorussen geschehen, in denen Gott für das gelobt wird, was er tut und getan hat. Das kann aber auch in persönlich formulierten Gebeten geschehen. Dabei wird Gott gelobt für Gebetserhörungen oder wunderbare Führungen und Bewahrungen. Lob zeigt die Größe Gottes in seinem Handeln.

- **Anbetung – das staunende Gebet**: Hier stehen Gott der Vater und Jesus Christus, der Sohn, ganz im Mittelpunkt. Gottes Allmacht und Liebe, Gottes Barmherzigkeit und Treue, Gottes Geduld und Kreativität ist den Betern vor Augen. Anbetung führt in die unmittelbare Gegenwart Gottes. Dabei können die Beter sich erheben, um so ihre Ehrfurcht auszudrücken, oder sie erheben ihre Hände als Zeichen des Ergriffenseins.

- **Bitte – das demütige Gebet**: In der Bitte geben Beter ihre Bedürftigkeit zu, ihre totale Abhängigkeit, ihre Armut. Sie sprechen das vor Gott aus, was ihnen fehlt. In Gebetsgemeinschaften sollten das weniger die persönlichen Anliegen sein, als vielmehr umfassendere Bitten: die Bitte um Erweckung; Anliegen, die die Gemeinde, den Ort und das Land betreffen. Hier kann »mit der Zeitung in der Hand« gebetet werden. Es ist gut, wenn ein Mitbeter diesen Gebetspart vorbereitet, wenn er Informationen gibt und spezielle Bitten erklärt. Und es ist hilfreich, wenn jeweils nur eine Bitte genannt und beschrieben wird und danach einige Beterinnen und Beter diese Bitte vor Gott aussprechen.

- **Danksagung – das vertrauende Gebet:** Eine spezielle Notsituation oder ein für die Gemeinde enttäuschendes Erlebnis kann auf Grund einer geistlichen Einsicht mit Danksagung vor Gott ausgesprochen und so von Gott als Führung angenommen werden. Der Unterschied zwischen Dank und Danksagung liegt darin, dass Dank im Bereich der Gefühle bejaht wird, während Danksagung gegen die Gefühle geschieht, auf Grund der Erkenntnis, dass Gott keine Fehler macht.

- **Fürbitte – das helfende Gebet:** Dieser weite Gebetsbereich ist ein spezieller Auftrag von Gott, und ihm sollte gebührend Zeit eingeräumt werden. In der Bibel lesen wir:

> *Sorge vor allem und zuerst dafür, dass die Gemeinde nicht aufhört zu beten. Betet für alle Menschen auf dieser Welt und dankt Gott. Betet besonders für alle, die in Regierung und Staat Verantwortung tragen, ...«*
> (1. Timotheus 2,1-2; Hoffnung für alle)

Fürbitte muss gezielt geschehen. Es ist hilfreich, wenn in einer Gebetsversammlung die einzelnen Fürbitteanliegen sich sozusagen kreisförmig erweitern. Zuerst werden Namen aus dem Gemeindebereich vor Gott ausgesprochen. Danach kann man für Menschen am Ort beten. Anschließend werden die Namen von Männern und Frauen genannt, die in Regierung und Staat Verantwortung tragen. Weiter kann für Bundesländer, für Deutschland, für Kontinente, für unerreichte Volksgruppen gebetet werden. Fürbitteanliegen sollten dabei konkret dargestellt werden, damit sie auch konkret vor Gott ausgesprochen werden können.

Helfen und motivieren Sie, dass es in Ihrer Gemeinde zu einem kontinuierlichen Beten kommt. Zeigen Sie in Gesprächen auf, dass eine geistlich beständige Temperatur die beste Voraussetzung für Gemeindewachstum ist.

Gebetsgemeinschaft – die alle neu erfüllt

>Und als man sie hatte gehen lassen, kamen sie zu den Ihren und berichteten, was die Hohenpriester und Ältesten zu ihnen gesagt hatten. Als sie das hörten, erhoben sie ihre Stimme einmütig zu Gott und sprachen: Herr, du hast Himmel und Erde und das Meer und alles, was darin ist, gemacht, du hast durch den Heiligen Geist, durch den Mund unseres Vaters David, deines Knechtes, gesagt (Psalm

2,1.2): ›*Warum toben die Heiden, und die Völker
nehmen sich vor, was umsonst ist? Die Könige der
Erde treten zusammen, und die Fürsten versam-
meln sich wider den Herrn und seinen Christus.‹
Wahrhaftig, sie haben sich versammelt in dieser
Stadt gegen deinen heiligen Knecht Jesus, den du ge-
salbt hast, Herodes und Pontius Pilatus mit den
Heiden und den Stämmen Israels, zu tun, was deine
Hand und dein Ratschluss zuvor bestimmt hatten,
dass es geschehen solle. Und nun, Herr, sieh an ihr
Drohen und gib deinen Knechten, mit allem Freimut
zu reden dein Wort; strecke deine Hand aus, dass
Heilungen und Zeichen und Wunder geschehen
durch den Namen deines heiligen Knechtes Jesus.
Und als sie gebetet hatten, erbebte die Stätte, wo
sie versammelt waren; und sie wurden alle vom Heiligen Geist erfüllt und redeten das Wort Gottes mit
Freimut. Die Menge der Gläubigen aber war ein
Herz und eine Seele; auch nicht einer sagte von seinen Gütern, dass sie sein wären, sondern es war ihnen alles gemeinsam. Und mit großer Kraft bezeugten die Apostel die Auferstehung des Herrn Jesus,
und große Gnade war bei ihnen allen. Es war auch
keiner unter ihnen, der Mangel hatte; denn wer von
ihnen Äcker oder Häuser besaß, verkaufte sie und
brachte das Geld für das Verkaufte und legte es den
Aposteln zu Füßen; und man gab einem jeden, was
er nötig hatte.«* (Apostelgeschichte 4,23-35)

Da war vor der Tempeltür in Jerusalem etwas Sensa-
tionelles geschehen. Ein gelähmter Bettler wurde
von einer Minute auf die andere geheilt. Beinahe jeder kannte ihn. Er gehörte sozusagen zum Inventar

des Heiligtums. Er lag schon immer da – jahrelang. Plötzlich aber sprang er außer sich vor Freude und Begeisterung im Vorhof des Tempels herum. Er lobte Gott. Fiel auf die Knie und sprang wieder auf. Riss die Arme hoch und betete. Die Tempelbesucher liefen zusammen. Sie staunten. Sie fragten, was da passiert sei. Mit der besinnlichen Andacht war es vorbei. Immer mehr Menschen versammelten sich um den Geheilten. Schließlich ergriff Petrus das Wort. Er klärte die staunenden Menschen auf. Sagte ihnen, dass dieses Wunder durch Jesus Christus geschehen sei, durch den Mann, den sie gekreuzigt hatten und den Gott von den Toten auferweckt hatte. Und dann wurde dieser nicht geplante Massenauflauf zu einer Evangelisationsveranstaltung. Viele Menschen bekehrten sich zu Jesus Christus und nahmen ihn als Messias und Herrn an. Das drang durch bis zur Chefetage der religiösen Elite. Die Tempelpolizei wurde alarmiert. Sie griff sofort ein und sie griff zu. Petrus und Johannes wurden abgeführt. Die Nacht verbrachten sie in Untersuchungshaft. Am darauf folgenden Tag fand das Verhör statt. Und dort hörten die »Oberkirchenräte« den Satz, der ihr Gewissen harpunierte:

> *»Jesus Christus und sonst niemand kann die Rettung bringen. Auf der ganzen Welt hat Gott keinen anderen Namen bekanntgemacht, durch den wir gerettet werden könnten.«*
> (Apostelgeschichte 4,12; Die Gute Nachricht)

Provozierend war dieses Bekenntnis. Unheimlich war diese Erklärung. Sie hatten ihn doch umbringen lassen, diesen Jesus von Nazareth. Und nun diese Herausforderung. Das konnten sie nicht hinnehmen. Nach einer geheimen Beratung wurde Petrus und Johannes mitgeteilt, dass sie zu keinem Menschen mehr von diesem Jesus reden dürften. Der Fall Jesus musste nun endgültig in den geheimen Akten verschwinden. Das war keine Bitte. Das war ein Befehl. Das war eine unüberhörbare Drohung. Und mit dieser Nachricht traten die Apostel wenig später vor die Gemeinde.

Mich fasziniert und packt die Reaktion der ersten Christen damals in Jerusalem: »*Als sie das hörten, erhoben sie ihre Stimme einmütig zu Gott.*« Ihre Reaktion ist ein Zeichen für hochkarätiges Christsein.

Können Sie sich vorstellen, wie Ihre Gemeinde, Ihr Gemeinderat und Ihr Pastor reagiert hätten? Ich kenne leider kirchliche Amtsträger, die kaum noch von Jesus sprechen, und ich kenne Gemeinden, denen das weder auffällt, noch etwas ausmacht. Man betet zu Gott und man redet von Gott. Jesus ist ein peinliches Fremdwort. Und wenn dieser Name dann und wann einmal genannt wird, dann ist zu fragen, von welchem Jesus da geredet wird. Ob das noch der Jesus ist, von dem die Bibel spricht, der Gottessohn und Menschensohn, der Schöpfer und Erlöser, der, von dem alles kommt und zu dem alles geht?

Die ersten Christen in Jerusalem waren schockiert, als Petrus und Johannes ihnen berichteten, dass sie den Namen Jesus Christus nicht mehr öffentlich aussprechen dürften. Ihnen war bewusst, dass dies das Mega-out der neuen Jesusbewegung wäre. Über die Mosebücher und über die Propheten konnten schließlich auch die religiösen Führer von Jerusalem predigen. Aber das war – ohne das Evangelium von Jesus – Schnee von gestern. Es ging um das Schwellenereignis einer neuen Zeit, um die Botschaft von dem Gott, der Mensch wurde und der die Sünden der Menschen auf sich nahm. Es ging um den Gott, der den Name Jesus trägt. Und weil Er das A und das O eines neuen göttlichen Heilsabschnitts ist, wussten die ersten Christen, dass jede Rede oder jedes Zeugnis, in dem der Name Jesus verschwiegen wird oder nur nebulös genannt wird, bedeutungslos ist und das göttliche Ziel verfehlt. Und das gilt auch und erst recht heute. Im Religionspluralismus des dritten Jahrtausends muss dieser Namen deutlich und unüberhörbar ausgesprochen werden – so deutlich, wie es Petrus vor der höchsten religiösen und politischen Instanz Israels getan hat:

> *»Jesus Christus und sonst keiner kann die Rettung bringen. Auf der ganzen Welt hat Gott keinen anderen Namen bekanntgemacht, durch den wir gerettet werden könnten.«* (Apostelgeschichte 4,12)

Kirchliche Führungskräfte: Bischöfe, Kardinäle, Superintendenten, Theologieprofessoren, Pfarrer und Pastoren, die diesen zentralen Satz der Bibel nicht mehr nachsprechen können, sollten ihren Dienst quittieren. Sie haben die göttliche Lizenz für die Verkündigung des Evangeliums verloren. Seitdem das Kreuz aufgerichtet wurde, an dem der Sohn Gottes für die Sünden der ganzen Welt bezahlte, ist nur noch die Botschaft von Jesus Christus relevant. Genau das hat die Urgemeinde in Jerusalem gewusst. Darum haben sie, als Petrus und Johannes ihnen mitteilten, dass sie Jesus verschweigen sollten, das nicht auf die leichte Schulter genommen. Darum haben sie nicht gesagt: Dann reden wir eben von Gott und lassen den Namen Jesus in der Öffentlichkeit weg. Nein, sie wussten, dass das die absolute Bankrotterklärung der Kirche gewesen wäre.

Wie reagierten nun die ersten Christen? Waren sie verzweifelt? Niedergeschlagen? Ratlos? Wütend? Antworteten sie mit einem Protestmarsch durch Jerusalem? Reagierten sie mit einer Unterschriftenaktion? Planten sie eine Krisensitzung? Nichts von alledem berichtet die Bibel. Sie sagt:

> *»Als sie das hörten, erhoben sie ihre Stimme einmütig zu Gott und sprachen ...«*

Sie beteten. Sie griffen zu dem Schlüssel, der den Himmel öffnet, zu dem Schlüssel des Gebets. Und diese Gebetsversammlung erfüllte alle neu mit dem Heiligen Geist, gab ihnen eine totale geistliche Überlegenheit, sodass sie zu freudigen und mutigen Zeugen des auferstandenen Jesus Christus wurden.

Ich möchte mit Ihnen diese Gebetsversammlung »besuchen«, möchte mit Ihnen »erleben«, wie die ersten Christen in dieser kritischen und gemeindebedrohenden Situation beteten.

Sie beten Gott an

> »Als sie das hörten, erhoben sie ihre Stimme einmütig zu Gott und sprachen: Herr, du hast Himmel und Erde und das Meer und alles, was darin ist, gemacht ...«

Anbetung! Eine erstaunliche Tatsache. Beinah unglaublich. Man muss sich in die Lage hineindenken: Soeben hatten ihnen Petrus und Johannes ausführlich von dem Verhör vor dem Hohen Rat berichtet. Sie hörten von harten Strafen, möglicherweise sogar von Gefängnis und Exekution. Aber davon ist in der ersten Phase dieser Gebetsversammlung nicht die Rede. Kein Bitten. Kein Klagen. Kein Flehen. Sie beten Gott an! Sie schauen nach oben, nicht nach unten. Sie blicken auf Gott, nicht auf das Problem. Sie beten den an, der allmächtig ist, den Schöpfer des Universums, den, der Himmel und Erde gemacht hat. Sie bestaunen Gottes Kreativität. Sie sind beeindruckt von Gottes Können. Sie sind hingerissen von Gottes Größe und von Gottes Weisheit. Und dieses Schauen auf Gott erfüllt die Beterinnen und Beter. Diese Sicht lässt alles in einem anderen Licht erscheinen. Diese Perspektive verändert die Atmosphäre in ihren Herzen und in dem Raum, in dem sie anbeten.

Ich erinnere mich an eine Anbetungserfahrung, die ich vor einigen Jahren machte: Eine kleine Gemeinde hatte mich zu einer Evangelisation eingeladen. Zuerst sah die Sache verheißungsvoll aus. Einheit und Glaube prägten die Mitarbeiter. Sie mieteten für die Veranstaltungswoche eine Halle. Dann aber kam es plötzlich zu Spannungen in der Gemeinde. Kritische Stimmen waren zu hören. Ein Zurück war nicht mehr möglich.

Dann kam der erste Tag der Evangelisation. Ich bezog mein Quartier. Draußen schneite es. Noch einmal überdachte ich die Lage: Eine kleine Gemeinde. Vielleicht vierzig Glieder. Spannungen und Kritik. Die große Halle und Schnee. Wer würde da schon kommen? Wer würde bei einer solchen klirrenden Kälte das gemütliche Wohnzimmer verlassen. Ich lief in meinem Quartier auf und ab und betete. Zweifel stiegen in mir auf. Da fiel mein Blick auf den kleingeblümten Teppichbelag. Und plötzlich wurde mir das zu einem Bild. Vor Gott sind die Probleme, die für mich riesengroß waren, wie die kleinen Blümchen im Teppichmuster. Er ist viel größer als jedes Problem. Ich begann Gott anzubeten. Und je mehr ich von seiner Größe und Allmacht in der Anbetung ergriffen wurde, um so kleiner erschienen mir die Probleme. Mein Glaube wuchs und mit dem Glauben die Erwartung, dass alles gut wird.

Schon der erste Abend brachte uns dann zum Staunen. Menschen kamen und füllten die Halle. Und das geschah Abend für Abend. Und das Wichtigste: Jugendliche und Erwachsene trafen eine Entscheidung für Jesus Christus.

Anbetung verändert die Atmosphäre. Anbetung verändert die Sicht. Anbetung verändert die Situation. Genau das erlebte die Gemeinde in Jerusalem.

Fazit: Was sie auch immer bei einer Gebetsversammlung bewegt: Anbetung sollte zuerst auf dem
Programm stehen. Bereiten Sie diesen Part sorgfäl-
tig und betend vor. Anbetungs-Chorusse und Anbetungslieder und auch Anbetungstexte der Bibel
können dabei eine Hilfe sein.

Sie hören Gottes Information

*»... du hast durch den Heiligen Geist, durch den
Mund unseres Vaters David, deines Knechtes,
gesagt (Psalm 2,1.2): »Warum toben die Heiden,
und die Völker nehmen sich vor, was umsonst ist?
Die Könige der Erde treten zusammen, und die
Fürsten versammeln sich wider den Herrn und
seinen Christus.«*

Gebet und Wort Gottes gehören zusammen. An-
drew Murrey schrieb: »Wenig Wort Gottes und wenig Gebet ist der Tod für das geistliche Leben. Viel
Wort Gottes und wenig Gebet führt zu einem geistlich kranken Christsein. Viel Gebet und wenig Wort
Gottes bewirkt mehr geistliches Leben, aber es ist
ohne Standhaftigkeit. Ein volles Maß an Wort Gottes und Gebet ergeben ein gesundes und kraftvolles
geistliches Leben.«

Was für das persönliche Christsein gilt, das hat
auch seine Bedeutung für die Gebetsgemeinschaft.
Modellhaft wird uns das in diesem Bericht gezeigt.
Anbetung führt in die Gegenwart Gottes und in
Gottes Gegenwart wird das Verständnis für Gottes
Wort zur Situation geöffnet. So sprach Gott in der

Anbetungszeit zu den Beterinnen und Betern durch einen Text aus Psalm 2,1-2. Mit diesem Psalmtext öffnete er ihnen die Augen für das, was sie gerade erlebten. Es war göttliche Diagnose und göttliche Therapie zugleich. Gott zeigte ihnen, dass die Lage, in der sie sich befanden, kein Zufall war, kein ärgerlicher »Betriebsunfall«, sondern etwas, was zum Christsein gehört.

Es gibt für die Gemeinde Jesu offene Türen, aber es gibt nicht nur offene Türen. Die Ampeln stehen auch für die Sache des Reiches Gottes nicht immer auf Grün. Wo es Erweckung gibt, wird es auch Verfolgung geben. Unsere Väter haben das so formuliert: »Wo Gott eine Kirche baut, baut der Teufel eine Kapelle daneben.«

Gestern geschah an der Tempeltür ein atemberaubendes Wunder. Gestern kamen Tausende im Tempel durch die Predigt des Petrus zum Glauben an Jesus Christus. Und heute erleben sie Verfolgung, erleben sie Psalm 2,1-2. Aber das wirft sie nicht aus der Bahn, sie können das richtig einordnen, weil Gott ihnen durch sein Wort die Augen öffnete. Und im Gebet antworten sie darauf:

> *»Wahrhaftig, sie haben sich versammelt in dieser Stadt gegen deinen heiligen Knecht Jesus, den du gesalbt hast, Herodes und Pontius Pilatus mit den Heiden und den Stämmen Israels, zu tun, was deine Hand und dein Ratschluss zuvor bestimmt hatten, dass es geschehen solle.«*

Im gemeinsamen Gebet erkennen sie das Geschehen als Plan Gottes. Was negativ war, wird dadurch positiv verarbeitet. Das ist eine Frucht der Gebetsgemeinschaft. Diese geistliche Einordnung bewahrt vor Zorn, bewahrt vor Verzweiflung und bewahrt vor unbedachten Reaktionen. Durch das gemeinsame Gebet wächst der Glaube. Durch das gemeinsame Gebet wächst die Hoffnung. Durch das gemeinsame Gebet wächst die Gewissheit. Und – wie Sie weiter sehen – wächst durch das gemeinsame Gebet der Mut zum konkreten Bitten.

Sie bitten konkret

> »Und nun, Herr, sieh an ihr Drohen und gib deinen Knechten, mit allem Freimut zu reden dein Wort; strecke deine Hand aus, dass Heilungen und Zeichen und Wunder geschehen durch den Namen deines heiligen Knechtes Jesus.«

Die gemeinsame Anbetung und das gemeinsame Hören wird nun zu einem gemeinsamen Bitten. Es sind situationsbezogene Bitten. Es sind aktuelle Bitten. Es sind Bitten, durch deren Erhörung Gott verherrlicht werden soll. Es sind Bitten, die die Ausbreitung des Evangeliums betreffen. Es sind Bitten, in denen das göttliche DEIN ganz groß geschrieben wird. Es sind Bitten, die dem Herzen Gottes entsprechen. Sie können zusammengefasst werden mit den ersten Sätzen aus dem Vaterunser:
- DEIN Name werde geheiligt.
- DEIN Wille geschehe.
- DEIN Reich komme.

Die erste Bitte: »... *gib deinen Knechten, mit allem Freimut zu reden dein Wort.*« Vergleichen Sie das bitte mit den drei Vaterunser-Texten und Sie werden erkennen, dass es genau damit übereinstimmt.

Erstens: »... *zu reden dein Wort*« und »*DEIN Name werde geheiligt*«, das gehört untrennbar zusammen. Das Wort, das Petrus und Johannes, das die Apostel und das die ganze Gemeinde verkündigen soll, ist nur in Verbindung mit dem Namen, der über alle Namen ist, Gottes Wort. Der Name, der erhoben werden soll, der Name, der geehrt werden soll, der Name, der im Zentrum der Verkündigung stehen soll, ist der Name Jesus. Beachten Sie, was die Bibel dazu sagt:

> »*Darum hat ihn (Jesus) Gott auch erhöht und hat ihm den Namen gegeben, der über alle Namen ist, dass in dem Namen Jesu sich beugen sollen aller derer Knie, die im Himmel und auf Erden und unter der Erde sind, und alle Zungen bekennen sollen, dass Jesus Christus der Herr ist, zur Ehre Gottes, des Vaters.*« (Philipper 2,9-11)

Zweitens: »... *zu reden dein Wort*« und »*DEIN Wille geschehe*«, auch das gehört untrennbar zusammen. Es ist doch eindeutig, dass es Gottes Wille ist, dass Gottes Wort, die Botschaft von der Versöhnung, die Kunde von der Rettung des Menschen aus Sünde und Tod, die Message von der Liebe Gottes, weitergesagt werden soll. In der Bibel lesen wir:

> »*(Gott) will, dass allen Menschen geholfen (im Grundtext »gerettet«) werde und sie zur Erkenntnis der Wahrheit kommen.*« (1. Timotheus 2,4)

Und im Brief an die Christen in Rom erklärt Paulus, dass es ohne Verkündigung des Evangeliums keine Rettung geben kann:

> »Denn ›wer den Namen des Herrn anrufen wird, soll gerettet werden‹. Wie sollen sie aber den anrufen, an den sie nicht glauben? Wie sollen sie aber an den glauben, von dem sie nichts gehört haben? Wie sollen sie aber hören ohne Prediger?«
> (Römer 10,13-14)

Drittens: »... zu reden dein Wort« und »DEIN Reich komme«, das gehört ebenfalls untrennbar zusammen. Eine der ersten zentralen Aussagen, die Jesus Christus auf dieser Erde machte, enthält diese Wahrheit. Die Bibel berichtet:

> »Jesus fing an zu predigen: Tut Buße, denn das Himmelreich ist nahe herbeigekommen!«
> (Matthäus 4,17)

Immer wenn Gottes zentrales Wort, der Name Jesus, gepredigt und proklamiert wird, ist Gottes Reich nahe.

Ich fasse zusammen: Die erste Bitte, die in dieser Gebetsversammlung ausgesprochen wurde, umfasste Gottes zentrales Anliegen. Sie entsprach dem primären Willen Gottes. Und das sollte Inhalt und Ziel einer jeden Gebetsgemeinschaft sein. Die Bitten, die in einer Gebetsversammlung vor Gott ausgesprochen werden, müssen mit den ersten drei Anliegen des Vaterunsers übereinstimmen. Sie dürfen nicht von Kirchen- oder Gemeindeegoismus geprägt sein: »Herr, du siehst, dass unsere Gemeinde immer kleiner wird. Führe uns doch wieder Menschen in den Gottesdienst. Fülle die Kirchenbänke«, so oder ähnlich höre ich es gelegentlich in Gebetsversammlungen. Es geht nicht um die lokale Gemeinde. Es geht nicht um irgendeine Kirche. Es geht nicht um eine Gemeinschaft. Es geht nicht um Ihren Hauskreis. Es geht um die Ausbreitung des Reiches Gottes. Es geht um die Verherrlichung des Vaters. Es geht um die Rettung von Menschen. Das war das Anliegen der ersten Christen in Jerusalem, und das muss das Anliegen der Christen im 21. Jahrhundert sein. Und wo das im Zentrum steht, wird Gott die, die gerettet werden, auch in die Gemeinde führen. So jedenfalls lesen wir es im ersten Gemeindebericht der Bibel:

> »Der Herr aber fügte täglich zur Gemeinde hinzu, die gerettet wurden.« (Apostelgeschichte 2,47)

Die zweite Bitte: »*... strecke deine Hand aus, dass Heilungen und Zeichen und Wunder geschehen durch den Namen deines heiligen Knechtes Jesus.*«

Auch hier stehen nicht persönliche Anliegen und Belange im Mittelpunkt. Die Bitten der Christen drehen sich nicht um Heilungen und Zeichen und Wunder an sich. Es geht um die Ehre und um die Verherrlichung des Vaters durch Jesus Christus. Beachten Sie dabei die fokussierte Aussage: »*... durch den Namen deines heiligen Knechtes Jesus.*«

Halten Sie bitte fest, dass alle diese Bitten auf dem dunklen Hintergrund des Verbots, den Namen Jesus zu nennen, vor Gott ausgesprochen wurden. Darum geht es bei den hier angesprochenen »*Heilungen und Zeichen und Wundern*« um Jesus, und nicht um hilfreiche und spektakuläre Ereignisse. Auch in dieser zweiten Bitte können und müssen die drei »Dein« des Vaterunsers eingesetzt werden.

Erstens: Die Christen in Jerusalem beteten um Heilungen, damit »sein Name geheiligt wird«, damit »sein Wille geschieht«, damit »sein Reich kommt«. Heilungen sind zuerst Dokumentationen der Gegenwart Gottes, der Kraft Gottes und der Liebe Gottes und sie sollen in erster Linie ein Hinweis auf Jesus, den Retter der Welt sein. Das hat Petrus in jenem Verhör unzweideutig klar gemacht. Er sagte vor dem Hohen Rat:

> *Wenn wir heute verhört werden wegen dieser Wohltat an dem kranken Menschen, durch wen er gesund geworden ist, so sei euch und dem ganzen Volk Israel kundgetan: Im Namen Jesu Christi von Nazareth, den ihr gekreuzigt habt, den Gott von den Toten auferweckt hat; durch ihn steht dieser hier gesund vor euch.«*
> (Apostelgeschichte 4, 9-10)

Zweitens: Während dieser Gebetsgemeinschaft beteten die Christen um Zeichen, damit die Menschen erkennen, dass es Gottes Sache ist, die hier durch Jesus Christus geschieht. Die Heilung, die sich an der Tempeltür ereignete, wurde von den führenden religiösen Persönlichkeiten in Jerusalem als Zeichen gewertet. Sie sagten:

> *Denn dass ein offenkundiges Zeichen durch sie geschehen ist, ist allen bekannt, die in Jerusalem wohnen, und wir können's nicht leugnen.«*
> (Apostelgeschichte 4,16)

Ein Zeichen

Mit einer Mitarbeiterin und einem Mitarbeiter ging ich während einer Evangelisation an einem Vormittag zu unserem Quartier. Es war ein heißer Tag. Seit Wochen hatte es nicht mehr geregnet. Kurz vor dem Ziel grüßten wir eine Frau, die in ihrem Vorgarten arbeitete. Wir stellten uns als Missionsteam vor und luden sie zu den Abendveranstaltungen ein. Ziemlich aggressiv sagte sie: »Beten sie erst mal, dass es regnet. Gucken Sie sich den Boden an.« Mit einer Schaufel stach sie in die Erde und warf die Krume hoch. Gucken Sie sich das an«, bemerkte sie, »das ist nur noch Staub. Vor einigen Tagen hat es in der Nähe geregnet. Bei uns jedoch fiel kein Tropfen.«

»Wir werden dafür beten«, entgegnete ich und fügte hinzu: »Sind sie dann bereit, einen missionarischen Abend zu besuchen, wenn es regnet?« Etwas verlegen guckte sie wortlos zur Seite.

In der darauf folgenden Stunde gingen wir betend durch die Kleinstadt. Wir beteten für die Menschen, die uns begegneten. Wir beteten für einen geistlichen Aufbruch an diesem Ort. Und natürlich beteten wir speziell um Regen. Nach dieser Gebetszeit trafen wir uns mit dem Zeltteam zum Mittagessen in einem Restaurant. Ich werde nie vergessen, wie plötzlich große Tropfen an die Fensterscheiben trommelten. Wir waren so begeistert, dass wir Gott gemeinsam für dieses Zeichen seiner Macht in einer Gebetsgemeinschaft dankten.

Es regnete den ganzen Nachmittag und es regnete auch am Abend und der Regen war so stark, dass wir fürchteten, er könnte den Besuch unserer Veranstaltung beeinträchtigen. So ging ich eine halbe Stunde vor Beginn der Veranstaltung nach draußen, hob die Hände hoch und gebot dem Regen aufzuhören. Bald darauf verzogen sich die Wolken und die Abendsonne beschien den Zeltplatz.

Ich kann nicht sagen, ob die Frau nach diesem eindeutigen Zeichen Gottes ins Zelt kam – aber ich bin sicher, dass sie sich an unsere Begegnung und an das Gespräch erinnerte, als es zu regnen anfing.

Ich möchte Sie in diesem Zusammenhang an den Bericht über die Hochzeit in dem Ort Kana erinnern, an der Jesus eingeladen war. Sie wissen, dass er dort Wasser in Wein verwandelte. Der biblische Kommentar zu diesem erstaunlichen Ereignis lautet:

> *Das ist das erste Zeichen, das Jesus tat, geschehen in Kana in Galiläa, und er offenbarte seine Herrlichkeit. Und seine Jünger glaubten an ihn.*
> (Johannes 2,11)

Es ist das Ziel der göttlichen Zeichen, dass dadurch Menschen zum Glauben an Jesus kommen. Um solche Zeichen beteten die ersten Christen in Jerusalem, und darum dürfen auch wir um Zeichen, die Gottes Realität und Gottes Macht zeigen, beten.

Drittens betete die Gemeinde in Jerusalem um Wunder. Wunder, die im Namen Jesu geschehen, sind ein öffentliches und sichtbares Ja Gottes zu Jesus Christus. Heilungen sind Wunder. Zeichen sind Wunder. Aber offensichtlich hat der Begriff Wunder hier einen besonderen Akzent. Eine Heilung ist ein Ereignis, welches einen möglichen Heilungsprozess abkürzt. So hat Jesus Kranke durch eine Berührung sofort geheilt. Ein Wunder ist ein Geschehen in einer Situation, in der eine Heilung nicht mehr möglich ist. Ich denke dabei an Blinde oder Verkrüppelte, die Jesus heilte, und ich denke an Tote, die Jesus auferweckte. Diese Wunder dokumentieren die Autorität und Allmacht Gottes – und wenn sie im Namen Jesu geschehen, dokumentieren sie das uneingeschränkte Ja Gottes zu seinem Sohn, Jesus Christus.

> *»... strecke deine Hand aus, dass Heilungen und Zeichen und Wunder geschehen durch den Namen deines heiligen Knechtes Jesus.«*

»... durch den Namen ... Jesus« – durch den Namen, der nicht mehr genannt werden durfte, der mit einem Bann belegt war, der in Vergessenheit geraten sollte, durch das Aussprechen des Namens Jesu sollten Heilungen und Zeichen und Wunder geschehen. Jeder sollte so erkennen, dass Jesus der verheißene Messias ist, der Retter der Welt. Konkreter und zentraler kann in einer Gebetsgemeinschaft nicht gebetet werden.

• Lassen Sie es nicht zu, dass in den Gebetsgemeinschaften querbeet gebetet wird, dass die Beter von einem Anliegen zum andern springen, dass persönliche Anliegen mit »Reich-Gottes-Anliegen« vermischt werden, dass am Ende keiner mehr weiß, warum man eigentlich zusammengekommen war.

- Lassen Sie es nicht zu, dass die Gebetstreffen zu einer frommen aber nichts sagenden Gebets-Plauderstunde werden, wo man nicht mehr mit totaler Hingabe und völligem Glauben betet und Erhörung der Gebete erwartet.
- Lassen Sie es nicht zu, dass Quantität vor Qualität geht. Bringen Sie wenige Anliegen, aber ernsthafte Anliegen vor Gott.

Sie erleben Gottes Antwort

Wenn Sie jetzt den Text aus der Apostelgeschichte lesen, der die Antwort Gottes auf die Gebetsgemeinschaft der Christen berichtet, dann bitte ich Sie, die Bitten der Gemeinde mit der Antwort Gottes zu vergleichen. Sie werden eine erstaunliche Feststellung machen. Die Bibel berichtet:

»*Und als sie gebetet hatten, erbebte die Stätte, wo sie versammelt waren; und sie wurden alle vom Heiligen Geist erfüllt und redeten das Wort Gottes mit Freimut. Die Menge der Gläubigen aber war ein Herz und eine Seele; auch nicht einer sagte von seinen Gütern, dass sie sein wären, sondern es war ihnen alles gemeinsam. Und mit großer Kraft bezeugten die Apostel die Auferstehung des Herrn Jesus, und große Gnade war bei ihnen allen. Es war auch keiner unter ihnen, der Mangel hatte; denn wer von ihnen Äcker oder Häuser besaß, verkaufte sie und brachte das Geld für das Verkaufte und legte es den Aposteln zu Füßen; und man gab einem jeden, was er nötig hatte.*« (Apostelgeschichte 4,23-35)

Die Reaktion Gottes war überwältigend: Der Ort, an dem die Christen beteten, erbebte. Es muss ein mittleres Erdbeben gewesen sein. Sie erlebten das, was Jahre später auch Paulus und Silas im Gefängnis in Philippi erlebten. Auch hier wurden die Fundamente des Gefängnisses erschüttert.

Ich habe das bis jetzt noch bei keiner Gebetsversammlung erlebt, aber ich habe erlebt, dass Gott Menschen erschüttert hat, dass die Fundamente des Lebens wankten. Erweckung nennt es die Bibel. Es kam etwas machtvoll in Bewegung. Versöhnung geschah. Liebe erfasste die Beter. Freude brach auf. Und es ereignete sich das, was im vorliegenden Bericht genannt wird:

> »... sie wurden alle vom Heiligen Geist erfüllt und redeten das Wort Gottes mit Freimut.«

Das brauchen wir!
- Ohne Gottes Heiligen Geist keine lebendige Gemeinde.
- Ohne Gottes Heiligen Geist kein vollmächtiges Zeugnis.
- Ohne Gottes Heiligen Geist keine Liebe.
- Ohne Gottes Heiligen Geist keine Frucht.

Wo der Heilige Geist Menschen nicht erfüllen kann, ist alles leer: leere Kirchen, leere Predigten, leere Gebete, leere Christen.

Jesus Christus sagte:

> »Ihr werdet die Kraft des Heiligen Geistes empfangen ... und werdet meine Zeugen sein.«
> (Apostelgeschichte 1,8)

Und der Apostel Paulus schrieb:

> *»... lasst euch vom Geist erfüllen.«* (Epheser 5,18)

Aber vielleicht stellen Sie fest, dass Gottes Antwort auf das Gebet der Gemeinde anders ausfiel, als erbeten. Die Gläubigen hatten ja lediglich darum gebeten, dass Petrus und Johannes wieder mit Freiheit und Vollmacht den Namen Jesus in der Öffentlichkeit aussprechen können? »*Gib deinen Knechten – (Petrus und Johannes) – mit allem Freimut zu reden dein Wort*«, beteten sie. Aber die Erhörung war anders, war gewaltiger. Sie beschränkte sich nicht nur auf *die* Apostel, die vor dem Hohen Rat standen. Die Bibel berichtet, dass *alle* neu mit dem Heiligen Geist erfüllt wurden. Und es wird berichtet, dass *alle* Gottes rettende Botschaft mit großer Freiheit weitersagten. Es muss wie eine gewaltige Welle gewesen sein. Hunderte, Tausende redeten mit Freude und Begeisterung von Jesus. Teenager, Jugendliche und Erwachsene redeten mit überzeugender Freude von Jesus. Jesus wurde zum Tagesthema. Jesus wurde zum Straßenthema. Jesus wurde zum Thema im Tempel, in den Synagogen und in den Häusern. Und hinter dem Bekenntnis der Christen stand die Dynamik und die Liebe des Heiligen Geistes. Die Christen erlebten damals in der Erhörung ihrer Bitte das, was später Paulus an die Gemeinde in Ephesus schrieb:

> *»Dem aber, der überschwänglich tun kann über alles hinaus, was wir bitten oder verstehen, nach der Kraft, die in uns wirkt, dem sei Ehre ...«* (Epheser 3,20)

Und dann lesen wir nicht, dass sofort Heilungen und Zeichen und Wunder geschehen sind. Es geschah also nichts Spektakuläres und Atemberaubendes. Aber wir lesen etwas, was für die Ausbreitung des Evangeliums enorm wichtig ist, etwas, was für jede christliche Gemeinde notwendig ist, wenn sie eine anziehende Gemeinde sein will.

Wir lesen erstens: *»Die Menge der Gläubigen aber war ein Herz und eine Seele.«*

Diesen Satz muss man sich auf »der Zunge zergehen lassen«. Es ist da von einer ganz großen Liebe untereinander die Rede. Wenn das von einem Hauskreis oder einer Hauskirche gesagt würde, dann könnte man das noch gut einordnen. Aber hier wird von »der Menge der Gläubigen« gesprochen. Das war keine homogene Kleingruppe. Drei Generationen werden angesprochen. Teenager, Jugendliche, Erwachsene und Senioren. Menschen mit unterschiedlichstem Bildungsniveau. Menschen mit unterschiedlichsten Charaktereigenschaften. Menschen mit unterschiedlichster Persönlichkeitsstruktur. Menschen mit unterschiedlichsten Erfahrungen. Aber die Liebe Gottes hatte ihre Herzen neu erfüllt. Und diese Liebe, die AGAPE Gottes, verband sie, vereinte sie, bewegte sie. Tausende waren *»ein Herz und eine Seele«*.

Vor Jahren erlebten wir eine lokale Erweckung. Viele Menschen kamen zum Glauben an Jesus Christus. Spontan entstand ein Offener Abend, an dem sich jede Woche junge und ältere Menschen trafen. Viele von ihnen kamen bereits eine Stunde vor Beginn. Die

Begrüßungen waren bewegend. Man umarmte sich. Spontan bildeten sich kleine Gebetsgruppen. Manche knieten nieder, andere standen und legten sich die Hände auf die Schultern. Ich weiß von einem jungen Mann, der zu einem solchen Offenen Abend eingeladen wurde. Die Atmosphäre, die er empfand, war so anders, wie er es bei sonstigen Veranstaltungen und Gottesdiensten erlebte, dass er sich sagte: »Entweder die Leute hier sind alle unnormal, oder es ist etwas Außergewöhnliches.« Der Inhalt des Offenen Abends sprach ihn an und die Besucher schienen normal zu sein. Einige berichteten am Mikrofon, was sie mit Gott in der vergangenen Woche erlebt hatten. Die Lieder, die gesungen wurden, fand er klasse und die Ansprache aktuell und spannend.

In der darauf folgend Woche kam er wieder. Und wieder erlebte er die gleiche Atmosphäre der Liebe. Es kam der Abend, an dem er, gepackt von dieser Liebe, seine Entscheidung für Jesus Christus traf.

Nicht umsonst hat Jesus in dem eindrücklichen Fürbittegebet, das uns im Johannesevangelium berichtet wird, die Einheit besonders angesprochen:

> *»Ich bitte aber nicht allein für sie (Jesus Christus sah die um ihn versammelten Jünger), sondern auch für die, die durch ihr Wort an mich glauben werden, damit sie alle eins seien. Wie du, Vater, in mir bist und ich in dir, so sollen sie in uns sein, damit die Welt glaube, dass du mich gesandt hast. Und ich habe ihnen die Herrlichkeit gegeben, die du mir gegeben hast, damit sie eins seien, wie wir eins sind.«* (Johannes 17,20-22)

Und der Apostel Paulus schreibt:

> *»Ist nun bei euch Ermahnung in Christus, ist Trost der Liebe, ist Gemeinschaft des Geistes, ist herzliche Liebe und Barmherzigkeit, so macht meine Freude dadurch vollkommen, dass ihr EINES Sinnes seid, gleiche Liebe habt, einmütig und einträchtig seid.«* (Philipper 2,1-2)

Was Jesus in seinem Fürbittegebet ausgesprochen hat und was Jahre später Paulus als besondere Bitte an die Gemeinde in Philippi schrieb, genau das erlebten die Christen nach jener Gebetsgemeinschaft in Jerusalem.

Brauchen Sie das in Ihrer Gemeinde? Brauchen Sie das in Ihrem Hauskreis? Brauchen Sie das in Ihrem Jugendtreff? Wenn ja, dann suchen Sie gemeinsam im Gebet Gottes Angesicht.

Wir lesen zweitens: »*... auch nicht einer sagte von seinen Gütern, dass sie sein wären, sondern es war ihnen alles gemeinsam ... Es war auch keiner unter ihnen, der Mangel hatte; denn wer von ihnen Äcker oder Häuser besaß, verkaufte sie und brachte das Geld für das Verkaufte und legte es den Aposteln zu Füßen; und man gab einem jeden, was er nötig hatte.*«

Man sagt: »Beim Geld hört die Freundschaft auf«. Gottes Geist durchbrach damals nach dem starken Gebetserlebnis dieses »eiserne Gesetz«. Die Häuser der Christen standen weit offen für die Brüder und Schwestern. Materialismus wurde zu einem Fremdwort. Keiner hielt seinen Besitz egoistisch fest. Die Liebe befreite sie von der Selbstsucht. Soziale Verantwortung bestimmte ihr Denken und Handeln. Sie waren wie eine große Familie, in der man liebevoll füreinander sorgte. Wirkung des Heiligen Geistes. Auswirkung des gemeinsamen Gebets. Gemeinde nach dem Herzen Gottes.

Wir lesen drittens: »*Und mit großer Kraft bezeugten die Apostel die Auferstehung des Herrn Jesus.*«

Wenn die sonntägliche Predigt zur Verlesung erstarrt, wenn sie zur intellektuellen Kanzelrede wird, wenn die Herzen und Gewissen der Menschen nicht mehr getroffen werden, dann fehlt die Kraft, von der hier die Rede ist.

Wenn das zentrale Thema des christlichen Glaubens mehr und mehr verstummt, wenn Alltagsthemen das Thema Gottes überdecken, wenn von der »Auferstehung des Herrn Jesu« nur noch am Rande oder zu Ostern gesprochen wird, dann müssen die »roten Ampeln« aufleuchten.

Ich möchte zunächst warnend erklären, dass es dabei nicht um ein selbstsicheres Auftreten geht, nicht um rhetorische Glanzleistungen, nicht um dogmatisch einwandfreie Reden. Das alles ist auch ohne den Heiligen Geist möglich. Hier geht es um Kraft und Klarheit, die nicht im menschlichen Intellekt liegt, um das Geheimnis des Heiligen Geistes, um die Salbung, wie es die Bibel nennt. Und diese Salbung wird immer dort sein, wo der Mensch seine Schwachheit und totale Unfähigkeit empfindet, wo er sich im Gebet Gott zuwendet und alles, restlos alles, von Gott erwartet. Der Apostel Paulus hat das zeugnishaft niedergeschrieben:

> *»Und ich war bei euch in Schwachheit und in Furcht und in großem Zittern; und mein Wort und meine Predigt geschahen nicht mit überredenden Worten menschlicher Weisheit, sondern in Erweisung des Geistes und der Kraft, damit euer Glaube nicht stehe auf Menschenweisheit, sondern auf Gottes Kraft.«* (1. Korinther 2,3-5)

Dass Predigt nicht gleich Predigt ist, können Sie im ersten Brief lesen, den Paulus an die Christen in Thessalonich schreibt:

> *»Unsere Predigt des Evangeliums kam zu euch nicht allein im Wort, sondern auch in der Kraft und in dem Heiligen Geist und in großer Gewissheit.«* (Kapitel 1,5)

Mit dieser »großen Kraft« sprachen die Apostel nach jener Gebetsgemeinschaft von der Auferstehung des Herrn Jesus. Es war geistliche Überzeugungskraft und geistliche Durchschlagskraft. Wo das fehlt, fehlt meistens die betende Gemeinde. Darum brauchen wir wieder den »großen Gebetsabend der Woche«.

Wir lesen viertens: *»... und große Gnade war bei ihnen allen.«*

Zur Erklärung zitiere ich zwei neuere Bibelübersetzungen. Die »Gute Nachricht« überträgt:

> *»Für alle sichtbar lag großer Segen auf der ganzen Gemeinde«.*

Und in der »Hoffnung für alle« steht:

> *»... alle erlebten Gottes Güte«.*

Gnade ist ein umfassender Begriff für Gottes wunderbare Geschenke:
- Führungen durch den Heiligen Geist.
- Gebetserhörungen.
- Friede des Herzens.
- Freude, die mehr ist als Spaß und Vergnügen.
- Kraft, die Spannungen des Alltag zu bewältigen.
- Fähigkeit, Sorgen im Vertrauen Gott hinzulegen.

Gnade ist das, was das Leben lebenswert, reich und erfüllt macht, und zwar auch dann, wenn nicht alle Wünsche in Erfüllung gehen. Es ist das Christsein, das ansteckt, das Christsein, das Sie sich wünschen. Es muss kein Wunschtraum bleiben. Es kann Realität werden. Was die ersten Christen in Jerusalem erlebten, hält Gott auch heute für seine Kinder bereit.

Wunderbare Geschenke einer Gebetsversammlung. Welche Konsequenz ziehen Sie aus diesem Bericht?

Gebetsgemeinschaft – die Gefängnistüren öffnet

> *»Um diese Zeit legte der König Herodes Hand an einige von der Gemeinde, sie zu misshandeln. Er tötete aber Jakobus, den Bruder des Johannes, mit dem Schwert. Und als er sah, dass es den Juden gefiel, fuhr er fort und nahm auch Petrus gefangen. Es waren aber eben die Tage der Ungesäuerten Brote. Als er ihn nun ergriffen hatte, warf er ihn ins Gefängnis und überantwortete ihn vier Wachen von je*

vier Soldaten, ihn zu bewachen. Denn er gedachte, ihn nach dem Fest vor das Volk zu stellen. **So wurde nun Petrus im Gefängnis festgehalten; aber die Gemeinde betete ohne Aufhören für ihn zu Gott.** Und in jener Nacht, als ihn Herodes vorführen lassen wollte, schlief Petrus zwischen zwei Soldaten, mit zwei Ketten gefesselt, und die Wachen vor der Tür bewachten das Gefängnis. Und siehe, der Engel des Herrn kam herein, und Licht leuchtete auf in dem Raum; und er stieß Petrus in die Seite und weckte ihn und sprach: Steh schnell auf! Und die Ketten fielen ihm von seinen Händen. Und der Engel sprach zu ihm: Gürte dich und zieh deine Schuhe an! Und er tat es. Und er sprach zu ihm: Wirf deinen Mantel um und folge mir! Und er ging hinaus und folgte ihm und wusste nicht, dass ihm das wahrhaftig geschehe durch den Engel, sondern meinte, eine Erscheinung zu sehen. Sie gingen aber durch die erste und zweite Wache und kamen zu dem eisernen Tor, das zur Stadt führt; das tat sich ihnen von selber auf. Und sie traten hinaus und gingen eine Straße weit, und alsbald verließ ihn der Engel. Und als Petrus zu sich gekommen war, sprach er: Nun weiß ich wahrhaftig, dass der Herr seinen Engel gesandt und mich aus der Hand des Herodes errettet hat und von allem, was das jüdische Volk erwartete. Und als er sich besonnen hatte, ging er zum Haus Marias, der Mutter des Johannes mit dem Beinamen Markus, **wo viele beieinander waren und beteten.**«
(Apostelgeschichte 12,1-12)

Mich fasziniert dieser Bericht der Bibel. Er zeigt, was Gebet vermag, wenn eine Gemeinde kontinuierlich, entschlossen und in innerer Einheit Gottes Thron bestürmt.

Alles in der Bibel ist Modell, hat Vorbildcharakter, ist Anschauungsunterricht für alle Christen aller Zeiten. So können Sie auch aus diesem Gebetsbericht viel für Ihre Gebetstreffen lernen. Wir wollen ihn unter folgenden drei Gesichtspunkten betrachten: Der Anlass, der Inhalt und die Wirkung dieser Gebetsversammlung.

1. Der Anlass dieser Gebetsversammlung

Herodes regierte damals im Auftrag der römischen Besatzungsmacht das Land. Er ließ einige Christen verhaften, ließ sie foltern und warf sie ins Gefängnis. Unter ihnen war auch der Apostel Jakobus, der Bruder das Apostels Johannes. Er wurde enthauptet. Ein furchtbarer Schock für die Christen in Jerusalem. Drohende Gewitterwolken hingen am Himmel. Anzeichen einer erneuten Verfolgungswelle. Als Herodes sah, dass er bei der religiösen Führungsschicht dadurch Sympathie gewann, ließ er auch Petrus abführen und warf auch ihn ins Gefängnis. Dort wurde er festgekettet und ununterbrochen von vier Soldaten bewacht, die man alle sechs Stunden ablöste. So behandelte man Schwerverbrecher. Eine Exekution war so gut wie sicher. Die Situation war für die Christen äußerst kritisch. Die Atmosphäre war gespannt. Angst und Unsicherheit breiteten sich aus. Das bildete den Anlass für die intensive und erfolgreiche Gebetsgemeinschaft.

Wir leben in einem Land, in dem bis jetzt noch niemand um seines Glaubens willen gefoltert und gefangen gesetzt wird. Ich betone »bis jetzt«. Das kann sich auf dem Hintergrund des Religionspluralismus, einer für alle Weltreligionen offenen Ökumene und eines immer lauter geforderten Weltethos schnell wandeln. Aber das ist nicht das Thema. Lassen Sie mich darum hier einmal dieses Ereignis geistlich übertragen. Ich stelle einige Fragen:

- Gibt es nicht in unseren Gemeinden Menschen, die von dunklen Mächten gefoltert werden – von Zwängen, Verfolgungswahn, Angst ...?
- Gibt es nicht in unseren Gemeinden Menschen, die Satan gefangen hält – im Hass, Unversöhnlichkeit, Eifersucht, toter Tradition ...?
- Gibt es nicht in unseren Gemeinden Menschen, die festgekettet sind – an Alkohol, Drogen, Sexualität, Aberglaube, Zauberei ...?
- Gibt es nicht in unseren Gemeinden Menschen, denen der unheimliche Mörder das Leben nehmen will – Selbstmordgedanken, Depressionen ...?

Ich möchte damit aufzeigen, dass Gefängnisse, Ketten und Folter viele Gesichter haben. Und ich möchte damit aufzeigen, dass das dringliche und opferbereite Gebet der Gemeinde auch heute wichtig ist. Dazu drei Erfahrungen. Zwei aus dem seelsorgerlichen Bereich und eine aus dem evangelistischen Bereich.

Dem Satan geweiht

Eine junge Frau bekehrte sich auf einer Evangelisation zu Jesus Christus. Bei einer späteren Begegnung berichtete sie mir, dass sie nicht in der Lage sei, zu beten. Etwas in ihr setzte sich dagegen heftig zur Wehr. Ich bat sie, mit einer erfahrenen Mitarbeiterin über ihren Zustand zu sprechen. Dabei kam es zu einer ersten Vergangenheitsoffenbarung. Die Frau bekannte, dass ihre Mutter Satanistin gewesen sei und dass sie bereits als Baby dem Satan geweiht wurde. Aus ihrer Kindheit verfolgten sie darum schreckliche Erinnerungen: Alpträume, Angstzustände und undefinierbare grauenvolle innere Bilder. Trotz intensiver Befreiungsgespräche gab es kaum eine Besserung ihres Zustandes. Erst bei einer Evangelisation, bei der sich einige Beterinnen und Beter bereit erklärten, während eines, die ganze Nacht anhaltenden, Befreiungsdienstes in einem Nebenraum zu beten, wurde die junge Frau aus diesem »Gefängnis der Dämonie« befreit.

Aggressive Dämonen

Eine andere Frau fiel uns bei einem Gebetsseminar auf. Sie saß immer in der letzten Reihe und schlief jeweils bei den ersten Sätzen meiner Ansprache ein. Das war so auffallend, dass eine Mitarbeiterin sie ansprach. Dabei bekannte sie okkulte Bindungen. Bei einer zweiten seelsorgerlichen Begegnung war sie bereit, sich von diesen dämonischen Belastungen loszusagen. Aber bereits beim ersten Satz des

Befreiungsgebets entstellte sich ihr Gesicht zu einer abscheulichen Fratze, sie schnellte von ihrem Platz auf und wurde handgreiflich. Sie entwickelte dabei außergewöhnliche Kräfte, drückte einen schweren Eichentisch so massiv auf den Boden, dass beide Beine abbrachen. Die lösende und gebietende Seelsorge konnte nur mit einer Betergruppe, die anhaltend viele Stunden Fürbitte tat, weitergeführt werden und brachte schließlich eine wunderbare Befreiung.

Durchbruch in St. Pauli

Viele Jahre wurde ich als Evangelist zu der traditionellen evangelistischen Woche »Jesus in St. Pauli« eingeladen. Mit einem Team junger Mitarbeiterinnen und Mitarbeiter und dem Missionsteam Hamburg gestalteten wir diese speziellen Tage im Haus der Heilsarmee, Talstraße 13, in der Nähe der Großen Freiheit. Es war eine spannende Sache, Abend für Abend auf der Reeperbahn zu sprechen, von 21.00 Uhr bis 23.00 Uhr die Koffee-Bar zu erleben und dann noch einmal gegen 24.00 Uhr Freigottesdienste auf der Großen Freiheit zu halten.

Die Stadtstreicher waren das dankbarste Publikum, aber, und das war unser Problem, sie waren durchweg Alkoholiker. Sie glaubten an Gott, sie sangen die Lieder mit, sie waren gesprächsbereit, aber sie wurden nicht frei. Nach der fünften oder sechsten St. Pauli-Woche sprach ich mit dem Leiter der Arbeit, Pastor Dankmar Fischer, und teilte ihm folgende Bedenken mit: »Das Mitarbeiterteam ist tagsüber so stark mit der kreativen Vorbereitung des Abends beschäftigt, mit Anspielen, Saalgestaltung, Kleiderausgabe, Gesprächen in der Wesleystube, dass das Gebet zu kurz kommt. Könnten wir nicht einmal den Versuch wagen und eine St. Pauli-Woche durchführen, in der wir uns hauptsächlich auf des Gebet konzentrieren? Wir könnten tagsüber Gebetsgänge im Bereich der Talstraße machen. Wir könnten die Freiversammlungen auf der Reeperbahn zu Anbetungsversammlungen umfunktionieren.«

Der Vorschlag wurde angenommen. Wir waren alle sehr gespannt, wie Gott daraufhin handeln würde.

In dieser Gebets-St.-Pauli-Woche erlebten wir einen geistlichen Durchbruch unter den Stadtstreichern. Zehn von ihnen bekehrten sich und Gott befreite sie von den Ketten des Alkohols. Noch heute staune ich über die Erfahrungen dieser spontanen, völligen und bleibenden Befreiung.

Das Missionsteam Hamburg konnte ihre Entwicklung verfolgen. Das Ergebnis: Jeder hatte ein Jahr später eine Wohnung und die meisten eine Arbeitsstelle.

Ich könnte auch von einigen Erfahrungen berichten, wo Menschen dieses »Gefängnis« nicht verlassen konnten und wo die »Ketten« nicht von den Händen fielen. Enttäuschende und entmutigende Erfahrungen. Wenn ich darüber nachdenke, entdecke ich immer eines: Es fehlten die einsatzbereiten Beterinnen und Beter. Es fehlten die Frauen und Männer, die bereit waren, Stunden im anhaltenden

Gebet für solche Menschen einzutreten. Viele Bindungen und Belastungen könnten in den Gemeinden gelöst werden, wenn die Gemeinde betend Gottes Angesicht suchen würde.

Wenden wir uns wieder dem biblischen Bericht zu. Es ist anzunehmen, dass die Gefangennahme des Petrus am Anfang der Passahwoche erfolgte. In dieser Woche durfte niemand verhört und niemand hingerichtet werden. Petrus verbrachte also mehrere Tage und Nächte im Gefängnis. An dieser Stelle lesen wir in der Bibel den Satz, der mit einem wunderbaren und faszinierenden Aber beginnt. Es ist ein Aber des Widerstandes, ein Aber, das Entschlossenheit charakterisiert, ein Aber des Kampfes:

> *»... aber die Gemeinde betete ohne Aufhören für ihn zu Gott.«*

Die Gemeinde hat sich nicht in das Unvermeidliche ergeben. Sie hat nicht geklagt und nicht resigniert. Sie hat gebetet. Sie hat den göttlichen Weg beschritten, den Weg des Glaubens, den Weg der Verheißungen, den Weg der erhobenen Hände.

2. Der Inhalt dieser Gebetsversammlung

Ich möchte zunächst noch einmal registrieren, dass diese Gebetsversammlung mehrere Tage und Nächte dauerte. Wenn Petrus am Anfang der Passahwoche inhaftiert wurde – und das ist anzunehmen – und am ersten Tag nach dem großen Passahfest hingerichtet werden sollte, dann hat die Gemeinde sieben Tage und sieben Nächte gebetet. Ich finde das unglaublich stark und ich gebe zu, dass ich so etwas noch nie erlebt habe. Ich habe einige Gebetsnächte und einige Gebetstage erlebt, aber eine Woche »*ohne Aufhören*«, das heißt doch ohne Unterbrechung, das ist gewaltig.

Unter den Christen in Jerusalem sprach es sich offenbar herum, dass man intensiv um die Befreiung des Petrus beten wollte. Vielleicht war das anfangs noch völlig unklar, dass diese Gebetsversammlung mehrere Tage und Nächte dauern würde. Es ergab sich einfach. Der »Gebetsraum« wurde nie leer. Immer neue Beter kamen hinzu. Einige entfernten sich, um zu schlafen, um zu essen oder irgendwelche notwendigen Arbeiten zu verrichten. Dann kamen sie wieder und beteten weiter. Das war nicht organisiert. Es war ein inneres Drängen. Vorgegeben war lediglich das Thema. Es ging um die Rettung des Petrus.

»Bittet, so wird euch gegeben«

Sie hatten eine einzige Bitte. Sie hatten eine gemeinsame Bitte. Und sie sprachen diese Bitte immer und immer wieder aus. Ständig wurde der Name »Petrus« genannt, hundert Mal, tausend Mal ... Sie haben dabei nicht theologisch oder intellektuell reflektiert. Sie haben diese Bitte einfach genannt, weil es ihnen »auf den Nägeln brannte«. Jakobus war hingerichtet worden. Ein Sieg des Teufels. Einen zweiten Sieg sollte der Feind Gottes und der Feind der Gemeinde Gottes nicht erleben. Jetzt wollten sie Gottes Macht sehen. Ihr Bitten war echt. Ihr Bitten war dringlich. Ihr Bitten war von der Liebe bestimmt.

Eine Gebetsgemeinschaft hat Verheißung, wenn Bitten in dieser Einheit, in dieser Geschlossenheit und in dieser Dringlichkeit vor Gott ausgesprochen werden. Ich betone das auch hier wieder: Achten Sie in Ihren Gebetstreffen darauf, dass es keine Plaudertreffen werden, dass nicht Allerweltsbitten nur um des Bittens willen genannt werden. Bitten Sie nicht kreuz und quer, sodass am Ende keiner so richtig weiß, wozu man zusammengekommen war. Nennen Sie solche Bitten, die wirklich die Beter bewegen, und bitten Sie so, dass die Bitten sich in die Herzen der Beter und Beterinnen eingravieren und dass die Gebete nicht verstummen, wenn die Gebetsversammlung beendet ist.

»Suchet, so werdet ihr finden«

Gemeinsam suchten sie für Petrus das Angesicht Gottes. Sieben Tage und sieben Nächte. Es war ein intensives Suchen. Es war ein anstrengendes Suchen. Es war ein konzentriertes Suchen. Es war ein ununterbrochenes Suchen. Und es war, daran besteht kein Zweifel, ein Suchen von ganzem Herzen. Vielleicht haben sie sich dabei immer wieder auf die Zusage Gottes berufen:

> »Wenn ihr mich von ganzem Herzen suchen werdet, so will ich mich von euch finden lassen.« (Jeremia 29,13+14)

Bei unseren evangelistischen Einsätzen haben wir irgendwann einmal damit begonnen, eine Mitar-

beiterin oder einen Mitarbeiter als »Gebetsgewissen« abzustellen. Es war seine Aufgabe, die Arbeit
unter dem Blickwinkel »Gebet« zu begleiten. Er
sollte sich nicht nur zu Wort melden, wenn die
evangelistischen Aktionen das Gebet zu verdrängen
oder gar zu ersticken drohten, sondern er sollte
auch die Gebetszusammenkünfte geistlich wach begleiten. Er sollte ermahnen, wenn sich vielleicht
auch nur in Ansätzen Routine einschleichen wollte.
Er sollte, eine in der Tat schwierige Aufgabe, die
Ernsthaftigkeit beim Beten und Bitten überprüfen.
Und er sollte immer wieder die Gebetsanliegen einbringen, die jetzt wirklich dran waren, die dringend
waren, die Priorität beanspruchten. Dabei war es
wichtig, dass keiner der Mitarbeiterinnen oder Mitarbeiter sich selbst zum »Gebetsgewissen« berufen
fühlte. Einer bekam dafür ein einstimmiges Mandat. Es ging nicht um Kritik sondern um Hilfe. Ich
habe den Eindruck, dass das für viele Gebetsgruppen hilfreich wäre. Ich schreibe das besonders unter
dem Stichwort des ernsthaften und echten Suchens
beim Beten.

»Klopfet an, so wird euch aufgetan«

Und die Christen in Jerusalem klopften an der
»Chefetage des Himmels« an. Nein, das war kein
zaghaftes Anklopfen. Lassen Sie mich das einmal
für geistliche Belange ungewöhnlich ausdrücken:
Dieses Anklopfen war stark und laut und es war
mutig. Sieben Tage und sieben Nächte klopften sie
an. Ist das erlaubt, fragen Sie? Ist das noch vertret

bar? Ich zeige Ihnen, was Jesus in einem Fürbitte-
gleichnis einmal erklärt hat:

> *»Ich sage euch: Und wenn er schon nicht aufsteht*
> *und ihm etwas gibt, weil er sein Freund ist, dann*
> *wir er doch wegen seines unverschämten Drängens*
> *aufstehen und ihm geben, so viel er bedarf.«*
> (Lukas 11,8)

Und nach diesem sonderbaren Satz finden Sie die
Verheißung, in der Jesus mit Wiederholung zusi-
cherte:

> *»Klopfet an, so wird euch aufgetan. ... und wer da*
> *anklopft, dem wird aufgetan.«* (Verse 9+10)

Nein, theologisch kann das wirklich nicht erklärt
werden. Aber wer fragt schon nach einer solchen
Erklärung, wenn es um Leben und Tod geht? Petrus
lag im Gefängnis und seine Hinrichtung stand bevor. Sie haben also nicht wegen einer Lappalie
mehr als hundertvierzig Stunden an der Tür des
Himmels – oder sagen wir es klarer – am Herzen
Gottes gemeinsam »gehämmert«. Es ging um einen
Boten Gottes. Es ging um die Ausbreitung des Evangeliums. Und es ging letzten Endes um die Ehre
Gottes. Der Inhalt der Gebetsgemeinschaft war also
klar, war einleuchtend und war berechtigt.

Wer eine Gebetsgemeinschaft leitet, sollte auf diesem Hintergrund die Gebetsanliegen sichten. Im
Kämmerlein dürfen alle Anliegen ausgesprochen
werden, auch die kleinsten Belange. Da dürfen wir
wie Kinder zu unserem Vater im Himmel springen
und bitten. Aber in einer Gebetsversammlung soll-

ten nicht Omas Wehwehchen im Mittelpunkt stehen. Wenn die Gemeinde betet, müssen die Anliegen des Reiches Gottes genannt werden. Alles andere wird früher oder später zum Sterben des Gebetstreffens führen.

C. H. Spurgeon charakterisierte einmal eine solche zum Sterben verurteilte Gebetsgemeinschaft. Er sprach von einem Diakon, der unglaublich lang und unglaublich vielseitig betete. Er betete für die armen Kulis in China und für die Königin von England, er betete für dies und für das und er betete immer für hundert verschiedenste Anliegen. Aber jeder hatte den Eindruck, eigentlich habe er gar keine Anliegen, er habe nur Worte. Spurgeon schrieb dazu folgenden Satz: »Herr, wenn du ihn nicht bald heimholst, wird er noch die ganze Gebetsversammlung totbeten.«

3. Die Wirkung dieser Gebetsversammlung

Hier hole ich tief Luft! Eine, im wörtlichen Sinn, unglaubliche Erfahrung. Als Petrus an diesem frühen Morgen an der Tür des, aus Sicherheitsgründen verschlossenen, »Gebetssaales« klopfte, wollte keiner glauben, dass es leibhaftig Petrus sei. »Es ist sein Geist«, stotterten sie. Aber er war es wirklich und er erzählte den fassungslos staunenden Betern eine fantastische Geschichte. Es war die Geschichte eines übernatürlichen Eingreifens durch Gott. Er sprach von einem Engel, der das dunkle Gefängnis betrat, von Licht, das aufleuchtete, von Ketten, die wie von selbst von seinen Händen fielen, von

Wachpersonal, das nichts merkte, von gewaltigen Eisentoren, die sich von selbst öffneten. Es klang alles unglaublich und doch war es wahr. Und Petrus berichtete, dass er es selbst für einen Traum hielt, bis der kalte Nachtwind ihn anblies und kein Engel mehr zu sehen war.

Rechnen Sie mit Gottes Wundern. Wunder sind für Gott kein Problem. Beter haben die Chance, Gott als den Gott der Wunder zu erleben.

Gebetsgemeinschaft – die Kraft und Trost spendet

> *»Als wir nun die Jünger fanden, blieben wir sieben Tage dort. Die sagten Paulus durch den Geist, er solle nicht nach Jerusalem hinaufziehen. Und es geschah, als wir die Tage zugebracht hatten, da machten wir uns auf und reisten weiter.* **Und sie geleiteten uns alle mit Frauen und Kindern bis hinaus vor die Stadt, und wir knieten nieder am Ufer und beteten.«** (Apostelgeschichte 21,4+5)

Beim Lesen dieses Gebetsberichtes wurde ich zuerst an ein Kindheitserlebnis erinnert: Immer wieder einmal besuchte uns ein alter Missionar. Er war beinah blind, hatte schlohweißes Haar und konnte spannende Geschichten erzählen. Viele Jahre verbrachte er auf den Südseeinseln. Wenn er zu uns kam, dann versammelte sich die ganze Familie um ihn und wir als Kinder schauten ehrfürchtig zu ihm auf. Seine aufrechte Haltung faszinierte uns und seine sonore, schon etwas zittrige Stimme, sprach uns an. Wir hingen an seinen Lippen. Aber das Beeindruckendste war seine Verabschiedung. Er kniete sich nach jedem Besuch mit uns nieder zum Gebet. Noch heute verspüre ich die heilige Atmosphäre, die sich dabei ausbreitete. Ich hatte dabei immer den Eindruck: Jetzt ist Jesus da.

»Und sie geleiteten uns alle mit Frauen und Kindern bis hinaus vor die Stadt, und wir knieten nieder am Ufer und beteten«

... so berichtet Dr. Lukas. Er war damals mit dabei, als Paulus sich von der Gemeinde in Tyrus verabschiedete. Auf der dritten Missionsreise hatten sie neben den missionarischen Einsätzen auch einige früher gegründete Gemeinden besucht. Dabei wurde Paulus immer wieder gewarnt, nach Jerusalem zu reisen. Die Sache würde nicht gut ausgehen. Tyrus war die vorletzte Station dieser Seereise. Das Schiff blieb sieben Tage zum Löschen der Fracht im Hafen. Diese Zeit verbrachte das Missionsteam in der dortigen Gemeinde. Nun war der Tag des Abschieds gekommen. Die Christen begleiteten sie zum Hafen. Dort, am Ufer, knieten sie alle zum Gebet nieder. Ich gebe zu, dass mich diese Gebetsgemeinschaft stark bewegt.

1. Es bewegt mich, dass sie niederknieten.

Ein Zeichen der Ehrfurcht, der Ernsthaftigkeit, der Bedeutsamkeit. Das war kein – »Ich möchte noch kurz mit Euch beten« – nach einem langen und gesprächsintensiven Besuch. Das war kein »frommer Klecks«, um einer Begegnung noch einen »christlichen Abschluss« zu geben. Ich sage das offen: Ich liebe diese erzwungenen Gebetsgemeinschaften nicht, die man schnell noch an einen Besuch oder an eine Bibelstunde oder an einen Hauskreis anhängt. Sie kommen mir eher wie ein Alibi vor, als ein echtes Reden mit Gott. Da fehlt der geistliche Drive. Da fehlt die Ernsthaftigkeit. Da fehlt die Ehrfurcht. Man hat eine Stunde *über* Gott und die Welt geredet, und nun soll noch schnell einige Minuten *mit* Gott geredet werden. Es kommt mir so vor, als ob man da plötzlich feststellt, dass Gott ja auch noch da ist und dass man ihm wenigstens einige Minuten widmen sollte. Das ist beinah beleidigend, finden Sie nicht auch? Ich möchte diese kurzen Gebetsmomente nicht madig machen, aber ich möchte Sie zum Nachdenken bewegen. Könnte es nicht sein, dass diese »nebenbei-Gebetsverabschiedungen« der Killer der Gebetsgemeinschaften sind? Vermitteln sie nicht den Eindruck, dass alles andere viel wichtiger war, als das jetzt noch gemeinsame Gebet? Und stempeln sie nicht dadurch alle anderen Gebetstreffen als auch nicht ganz so bedeutsam ab? Könnte das einer der Gründe sein, dass die Gebetsversammlungen Ihrer Gemeinde so schlecht besucht sind?

Dort am Ufer, als sie alle niederknieten, war das jedenfalls anders. Sie knieten wirklich vor Gott, nicht voreinander. Sie hatten wirklich Gott im Blick, nicht irgendetwas. Sie wollten jetzt noch einmal in dieser geschwisterlichen Gemeinschaft Gott begegnen, Gott die Ehre geben und von Gott gesegnet, getröstet und gestärkt werden.

2. Es bewegt mich, dass sie in aller Öffentlichkeit niederknieten.

Heute kostet es schon Mut, in einem Restaurant vor dem Essen zu beten. Man guckt sich um, ob man nicht beobachtet wird. Nur keine Hände falten. Am unauffälligsten ist es, wenn man Messer und Gabel ergreift, den Kopf etwas neigt und ein kurzes Tischgebet denkt. Nur nicht auffallen, das könnte ja peinlich sein. Karikiere ich? Warum schämen wir uns eigentlich? Ich weiß, Sie denken jetzt an das, was Jesus in der Bergpredigt angeprangert hat:

> *»Und wenn ihr betet, sollt ihr nicht sein wie die Heuchler, die gern in den Synagogen und an den Straßenecken stehen und beten, damit sie von den Leuten gesehen werden. Wahrlich, ich sage euch: Sie haben ihren Lohn schon gehabt.«*
> (Matthäus 6,5)

Aber wer legt heute eigentlich beim Beten Wert darauf »von den Leuten gesehen zu werden«? Wir sind doch keine religiöse Gesellschaft, wo das Gebet besonders honoriert wird, wie damals in Israel. Nein, diese Argumentation greift nicht.

Als die Christen damals am Ufer beteten, war das keine religiöse Zur-Schau-Stellung und es war auch kein Bekenntnis zu Gott – es war Gebet. Sie hatten einfach das innere Bedürfnis, jetzt und hier noch einmal gemeinsam zu beten. Sie haben nicht reflektiert, wie das bei den Passanten, bei den Passagieren und bei den Hafenarbeitern ankommen würde. Sie wollten nichts anderes, als noch einmal gemeinsam vor Gott sein. Das war es.

Ich habe, so weit ich mich erinnere, keinen Freigottesdienst gehalten, ohne vorher mit den Mitarbeitern an dem Ort zu beten, wo wir dann Jesus bezeugen wollten. Es war unser Bedürfnis, noch einmal zu bitten vor dem Kampf, noch einmal Kraft zu schöpfen vor dem Einsatz, noch einmal im Gebet zuzugeben, dass wir ohne Jesus Christus auf verlorenem Posten stehen. Wir haben das auf der Reeperbahn genauso gemacht, wie auf den Marktplätzen und Fußgängerzonen anderer Städte, und wir scheuten uns auch nicht, Gott dort mit Anbetungsliedern und Anbetungsgebeten die Ehre zu geben. Ihm gehört die Welt!

3. Es bewegt mich, dass Männer, Frauen und Kinder niederknieten.

Auch das ist faszinierend. Eine ganze Gemeinde kniet vor Gott – Männer, Frauen und Kinder. Dort knieten keine Elitebeter. Dort kniete nicht nur das Missionsteam. Dort knieten nicht nur die Ältesten der Gemeinde. Ergreifend, wenn Kinder neben ihren Eltern knien. Wenn Alte und Junge auf den Knien vor Gott sind. Welches Bild von Christsein wird da in die Herzen der Kinder und Teenager gelegt. Ehrfurcht vor Gott, Echtheit, Demut und Liebe. Aber auch Dynamik, Realität und Spontaneität. Da wird Gebet als echtes Reden mit Gott erlebt und nicht als weltfremdes, liturgisches und religiöses Geschehen, mit dem man im Alltag wenig bis nichts anfangen kann.

Trost und Kraft

Paulus brauchte Trost und er brauchte Kraft für den schweren Weg, der vor ihm lag. Überall, wo der Apostel auf seiner dritten Missionsreise Gemeinden besuchte, wurde er vor dieser Reise nach Jerusalem gewarnt. Er selbst sagte:

> *... durch den Geist gebunden fahre ich nach Jerusalem und weiß nicht, was mir dort begegnen wird, nur dass der Heilige Geist in allen Städten mir bezeugt, dass Fesseln und Bedrängnisse auf mich warten.«* (Apostelgeschichte 20,22-23)

Und auch die Christen in Tyrus brauchten Trost und Kraft, denn sie mussten damit rechnen, dass diese Begegnung mit dem Apostel möglicherweise die letzte war.

In der gemeinsamen Begegnung mit Gott wird Trost und Kraft in Bedrängnis, in Sorgen und Ängsten vermittelt. Auch das kann und sollte Inhalt und Ziel einer speziell darauf ausgerichteten Gebetsversammlung sein. Hier wird nicht die missionarische Dimension sondern die seelsorgerliche Dimension angesprochen. Sie stärkt, ermutigt, richtet auf. Darum möchte ich Sie dazu motivieren, auch in persönlichen Problemen gemeinsam Gottes Angesicht zu suchen.

Gebetsgemeinschaft – die Gottes Lob zum Inhalt hat

> »Der Gott aber der Geduld und des Trostes gebe euch, dass ihr einträchtig gesinnt seid untereinander, Christus Jesus gemäß, **damit ihr einmütig mit einem Munde Gott lobt, den Vater unseres Herrn Jesus Christus.** Darum nehmt einander an, wie Christus euch angenommen hat zu Gottes Lob.« (Römer 15,5-7)

Gebetsgemeinschaft sollte immer auch Lobgemeinschaft sein. Wer lobt, ist begeistert. Wer lobt, ist fasziniert. Wer lobt, ist bewegt.

Während ich diese Sätze niederschreibe, bringe ich sie mit einem Lob-Erlebnis in Verbindung, das erst wenige Stunden zurückliegt. Ich hatte in einer Freikirche in Vorpommern einen Vortrag gehalten. Das Gemeindezentrum begeisterte und faszinierte mich. Es war ein ehemaliges Patrizierhaus, dass die

Christen zu einem wunderschönen und vielseitigen Gemeindezentrum umgebaut hatten. Ein Mitarbeiter dieser Gemeinde erzählte mir, dass sie sechzigtausend Ziegel mit Stahlbürsten gereinigt hätten. Die Ziegelwände wurden im Original erhalten. Auch die alten Balken und Türen wurden lediglich restauriert. Ich lobte dieses Gemeindezentrum, ich lobte den Geschmack der Umbau- und Restaurierungsleitung und ich lobte den enormen Einsatz der Gemeinde. Ich lobte, weil ich begeistert davon war, was ich sah.

Ich möchte diese Erfahrung jetzt auf das Thema »Lobgemeinschaft« übertragen. Haben wir nicht unvorstellbar viel Grund, Gott zu loben – und zwar begeistert und bewegt Gott zu loben? Sehen wir nicht täglich mit unseren natürlichen Augen und mit den Augen des Herzens Gottes wunderbare Werke?

1. Die Schöpfung – Grund zum Loben

Viele Stellen der Bibel sprechen davon, wie Männer und Frauen immer wieder Gott für das Wunder der Schöpfung lobten. Sie bestaunten das riesige Heer der Sterne. Sie bewunderten die Vielfalt der Pflanzen und Tiere. Sie waren bewegt von der Gewalt der Meere.

> *Und die Leviten Jeschua, Kadmiël, Bani, Haschabneja, Scherebja, Hodija, Schebanja, Petachja sprachen: Auf! lobet den HERRN, euren Gott, von*

> *Ewigkeit zu Ewigkeit! Und man lobe deinen herrlichen Namen, der erhaben ist über allen Preis und Ruhm! HERR, du bist's allein, du hast gemacht den Himmel und aller Himmel Himmel mit ihrem ganzen Heer, die Erde und alles, was darauf ist, die Meere und alles, was darinnen ist; du machst alles lebendig, und das himmlische Heer betet dich an.«*
> (Nehemia 9,5-6)

Wir haben noch mehr Grund, Gott für das Wunder seiner Schöpfung zu loben, weil wir durch die wissenschaftliche Forschung tiefere Einblicke und Einsichten haben, wie die Gläubigen damals. Heute sind wir zum Beispiel in der Lage mit dem Hubble-Weltraumteleskop bis an das Ende des Universums zu blicken und Galaxien zu beobachten, die 20 Milliarden Lichtjahre von unserem Planeten entfernt sind.

Mit unseren Elektronenmikroskopen haben wir auch die Welt des Mikrokosmos erforscht und kennen den geheimnisvollen und präzisen Aufbau der Atome.

Wir wissen viel über das Wunderwerk »Mensch«. Ein Wissenschaftsjournalist schrieb dazu Folgendes: »Der Mensch ist ein wundervolles, unvorstellbar kompliziertes Wesen. Seine Daten, ganz nüchtern: Eine vom Gehirn zentral geschaltete chemische Fabrik, Elektrowerk, Klima- und Kläranlage, Denkcomputer mit der Luxusausstattung ›Liebe und Hass‹. Ein Wesen, dessen Organismus sich über Jahrzehnte selbst am Leben erhält und durch ständige Selbstkontrolle dafür sorgt, dass es – nahezu – reibungslos funktioniert. Zusammensetzung: 100 Billionen mikroskopisch kleine Einzelteile, fantastisch aufeinander abgestimmt und eingespielt.« (12)

> *»Wenn ich sehe die Himmel, deiner Finger Werk, den Mond und die Sterne, die du bereitet hast: was ist der Mensch, dass du seiner gedenkst, und des Menschen Kind, dass du dich seiner annimmst? Du hast ihn wenig niedriger gemacht als Gott, mit Ehre und Herrlichkeit hast du ihn gekrönt. Du hast ihn zum Herrn gemacht über deiner Hände Werk, alles hast du unter seine Füße getan: Schafe und Rinder allzu mal, dazu auch die wilden Tiere, die Vögel unter dem Himmel und die Fische im Meer und alles, was die Meere durchzieht. HERR, unser Herrscher, wie herrlich ist dein Name in allen Landen!* (Psalm 8,4-10)

2. Die Erlösung – Grund zum Loben

Christen können mit tiefer Überzeugung das nachsprechen, was der Apostel Paulus einmal so formulierte:

> *»Denn ich hielt es für richtig, unter euch nichts zu wissen als allein Jesus Christus, den Gekreuzigten.«* (1. Korinther 2,2)

Warum diese Einseitigkeit? Warum dieses Festlegen auf den Gekreuzigten? Die Antwort kann klar und überzeugend gegeben werden: Im gekreuzigten Jesus Christus liegt das Heil der ganzen Menschheit. Der Gekreuzigte und Auferstandene ist der einzige

Weg zu Gott, dem Vater. Er ist die einzige Tür zur Rettung. Er ist die einzige Wahrheit, die befreit. Er ist das einzige Leben, das sich lohnt. Wer das erkannt und dann durch eine Entscheidung für Jesus Christus auch erfahren hat, der hat Grund, Jesus Christus dafür zu loben.

Wir haben Grund, Jesus Christus zu loben, dass er unsere Sünden getragen hat und nicht nur unsere Sünden, sondern auch die der ganzen Menschheit. Die Bibel sagt:

> *»Wenn jemand sündigt, so haben wir einen Fürsprecher bei dem Vater, Jesus Christus, der gerecht ist. Und er ist die Versöhnung für unsere Sünden, nicht allein aber für die unseren, sondern auch für die der ganzen Welt.«*
> (1. Johannes 2,1-2)

Wir haben Grund, Jesus Christus zu loben, denn er hat uns, die wir durch Sünde und Ungehorsam von Gott getrennt waren, mit dem Vater versöhnt. In der Bibel lesen wir:

> *»Ist jemand in Christus, so ist er eine neue Kreatur; das Alte ist vergangen, siehe, Neues ist geworden. Aber das alles von Gott, der uns mit sich selber versöhnt hat durch Christus und uns das Amt gegeben, das die Versöhnung predigt. Gott war in Christus und versöhnte die Welt mit sich selber und rechnete ihnen ihre Sünden nicht zu und hat unter uns aufgerichtet das Wort von der Versöhnung.«*
> (2. Korinther 5,17-19)

Wir haben Grund, Jesus Christus zu loben, denn er hat uns mit seinem Blut losgekauft von Satan und allen Mächten des Bösen. Auch darüber gibt die Bibel Auskunft:

> *»Du – Jesus – bist würdig ... denn du bist geschlachtet und hast mit deinem Blut Menschen für Gott erkauft aus allen Stämmen und Sprachen und Völkern und Nationen.«* (Offenbarung 5,9)

Dieses Lob der Erlösten, der Versöhnten, der Erkauften soll in den Gebetsversammlungen erklingen.

3. Die Vollendung – Grund zum Loben

Und dann haben Christen auch Grund zum Loben, weil sie mit Hoffnung und großer Erwartung in die Zukunft blicken. Es ist kein undefinierbarer Optimismus, der sich auf irgendwelche Ideologien oder auf den wissenschaftlichen Fortschritt stützt. Wer mit Jesus lebt, der weiß, dass Jesus Christus der Herr der Zukunft ist. Der Apostel Paulus schreibt:

> *»Denn Gott hat uns wissen lassen das Geheimnis seines Willens nach seinem Ratschluss, den er zuvor in Christus gefasst hatte, um ihn auszuführen, wenn die Zeit erfüllt wäre, dass alles zusammengefasst würde in Christus, was im Himmel und auf Erden ist.«* (Epheser 1,9-10)

Das Ziel der Wege Gottes lautet klar und präzis:

> *»Siehe, ich mache alles neu!«* (Offenbarung 21,5)

Dieses Lob für die Schöpfung, für die Erlösung und für die Vollendung soll in den Gebetsversammlungen zu hören sein. In Lobliedern und in Lobgebeten wollen wir Gott die Ehre geben. Aber, und darauf weist der Apostel Paulus mehrfach hin, das ist nur möglich, wenn die Beterinnen und Beter eins sind. Lesen Sie nochmals den biblischen Text, der zum gemeinsamen Lob aufruft:

> *»Der Gott aber der Geduld und des Trostes gebe euch, dass ihr einträchtig gesinnt seid untereinander, Christus Jesus gemäß, **damit ihr einmütig mit einem Munde Gott lobt, den Vater unseres Herrn Jesus Christus.** Darum nehmt einander an, wie Christus euch angenommen hat zu Gottes Lob.«* (Römer 15,5-7)

Das Thema der Einheit wird hier mehrfach angesprochen. Paulus schreibt von *»einträchtig gesinnt sein untereinander«*, von *»einmütig mit einem Munde Gott loben«* und von *»einander annehmen«*. Beachten Sie dabei besonders die nachfolgende Aussage: *»... wie Christus euch angenommen hat.«* Wo diese Einheit nicht ist, dieses Annehmen aus Liebe, da wird das Lob bald verstummen. Misstöne sind die Folge, Misstöne, die die Harmonie des gemeinsamen Gebets zerstören.

Ein christliches Sprichwort sagt: »Loben zieht nach oben.« Sie werden es erleben, wie besonders das gemeinsame Lob in Gottes Gegenwart zieht, wie Lob in die Atmosphäre des Himmels führt.

Ich möchte Sie auch hier zum Nachdenken und zum Entscheiden motivieren. In die Leerzeilen können Sie Ihre Antworten eintragen.

- Welche Konsequenzen ziehen Sie aus den Gebetsgemeinschaften, die von der neutestamentlichen Gemeinde berichtet werden?

- Was hat Sie am stärksten angesprochen und beeindruckt?

- Wo entdecken Sie Fehlanzeigen, wenn Sie an die Gebetstreffen Ihrer Gemeinde denken?

- Welche neuen Gebetselemente möchten Sie in der nächsten Gebetsversammlung erklären und einbringen?

Gemeinsames Gebet in der alttestamentlichen Gemeinde

Die Bibel spricht von einem Alten Bund und sie spricht von einem Neuen Bund. Der Alte Bund wurde mit der alttestamentlichen Gemeinde, dem Volk Israel, am Sinai geschlossen. Er gründet sich auf das Gesetz, auf die Zehn Gebote. Der neue Bund wurde mit der neutestamentlichen Gemeinde auf Golgatha geschlossen. Er gründet sich auf die Gnade. Was beide »Gemeinden« verbindet, die alttestamentliche Gemeinde und die neutestamentliche Gemeinde, auch wenn zwischen Gesetz und Gnade unüberbrückbare Welten liegen, ist der eine Gott, der Vater unseres Herrn Jesus Christus, der Gott, der Gebete erhört. Darum können wir auch von den Gebetsversammlungen der alttestamentlichen Gemeinde lernen, was entschlossenes und vom Glauben geprägtes gemeinsames Gebet bewirkt.

Gebetsgemeinschaft – die den Feind besiegt

Ich mute Ihnen jetzt einen ziemlich langen und ausführlichen Bericht der Bibel zu. Wenn Sie sich überfordert fühlen, diesen Text zu lesen, dann beginnen Sie einfach mit meinem Kommentar. Der Text wird da und dort eingefügt und das hier geschilderte Ereignis will ich Ihnen berichten.

»Und man kam und sagte zu Joschafat: Es kommt gegen dich eine große Menge von jenseits des Salzmeeres, von Edom, und siehe, sie sind schon in Hazezon-Tamar, das ist En-Gedi. Joschafat aber fürchtete sich und richtete sein Angesicht darauf, den HERRN zu suchen; und er ließ in ganz Juda ein Fasten ausrufen. Und Juda kam zusammen, den HERRN zu suchen; auch aus allen Städten Judas kamen sie, den HERRN zu suchen.

Und Joschafat trat hin unter die Gemeinde Judas und Jerusalems im Hause des HERRN vorn im neuen Vorhof und sprach: HERR, du Gott unserer Väter, bist du nicht Gott im Himmel und Herrscher über alle Königreiche der Heiden? Und in deiner Hand ist Kraft und Macht, und es ist niemand, der dir zu widerstehen vermag. Hast du, unser Gott, nicht die Bewohner dieses Landes vertrieben vor deinem Volk Israel und hast es den Nachkommen Abrahams, deines Freundes, gegeben für immer? Und sie wohnten darin und haben dir ein Heiligtum für deinen Namen gebaut und gesagt: Wenn Unglück, Schwert, Strafe, Pest oder Hungersnot über uns kommen, werden wir vor diesem Hause und vor dir stehen – denn dein Name ist in diesem Hause – und zu dir schreien in unserer Not, und du wirst hören und helfen. Nun siehe, die Ammoniter, Moabiter und die vom Gebirge Seïr, durch die du Israel nicht hindurchziehen ließest, als sie aus Ägyptenland kamen – sondern sie mussten vor ihnen wei-

chen und durften sie nicht ausrotten –, siehe, sie lassen uns das entgelten und kommen, uns auszutreiben aus deinem Eigentum, das du uns gegeben hast. Unser Gott, willst du sie nicht richten? Denn in uns ist keine Kraft gegen dies große Heer, das gegen uns kommt. Wir wissen nicht, was wir tun sollen, sondern unsere Augen sehen nach dir.

Und ganz Juda stand vor dem HERRN mit seinen Alten, Frauen und Kindern. Aber der Geist des HERRN kam mitten in der Gemeinde auf Jahasïël, den Sohn Secharjas, des Sohnes Benajas, des Sohnes Jehïëls, des Sohnes Mattanjas, den Leviten aus den Söhnen Asaf. Und Jahasïël sprach: Merket auf, ganz Juda und ihr Einwohner von Jerusalem und du, König Joschafat! So spricht der HERR zu euch: Ihr sollt euch nicht fürchten und nicht verzagen vor diesem großen Heer; denn nicht ihr kämpft, sondern Gott. Morgen sollt ihr gegen sie hinabziehen. Wenn sie den Höhenweg von Ziz heraufkommen, werdet ihr auf sie treffen, wo das Tal endet, vor der Wüste Jeruël. Aber nicht ihr werdet dabei kämpfen; tretet nur hin und steht und seht die Hilfe des HERRN, der mit euch ist, Juda und Jerusalem! Fürchtet euch nicht und verzaget nicht! Morgen zieht ihnen entgegen! Der HERR ist mit euch.

Da beugte sich Joschafat mit seinem Antlitz zur Erde, und ganz Juda und die Einwohner von Jerusalem fielen vor dem HERRN nieder und beteten den HERRN an. Und die Leviten von den Söhnen Kehat und von den Söhnen Korach schickten sich an, den HERRN, den Gott Israels, zu loben mit laut schallender Stimme.

Und sie machten sich früh am Morgen auf und zogen

aus zur Wüste Tekoa. Und als sie auszogen, trat Jo-
schafat hin und sprach: Höret mir zu, Juda und ihr
Einwohner von Jerusalem! Glaubet an den HERRN,
euren Gott, so werdet ihr sicher sein, und glaubet sei-
nen Propheten, so wird es euch gelingen. **Und er be-**
riet sich mit dem Volk und bestellte Sänger für
den HERRN, dass sie in heiligem Schmuck Lob-
lieder sängen und vor den Kriegsleuten herzögen
und sprächen: Danket dem HERRN; denn seine
Barmherzigkeit währet ewiglich. Und als sie an-
fingen mit Danken und Loben, *ließ der HERR ei-*
nen Hinterhalt kommen über die Ammoniter und
Moabiter und die vom Gebirge Seïr, die gegen Juda
ausgezogen waren, und sie wurden geschlagen. Es
stellten sich die Ammoniter und Moabiter gegen die
Leute vom Gebirge Seïr, um sie auszurotten und zu
vertilgen. Und als sie die Leute vom Gebirge Seïer alle
aufgerieben hatten, kehrte sich einer gegen den an-
dern, und sie wurden einander zum Verderben. Als
aber Juda an den Ort kam, wo man in die Wüste se-
hen kann, und sie sich gegen das Heer wenden woll-
ten, siehe, da lagen nur Leichname auf der Erde; kei-
ner war entronnen. Und Joschafat kam mit seinem
Volk, die Beute auszuteilen, und sie fanden Vieh in
Menge und Güter und Kleider und kostbare Geräte
und nahmen sich so viel weg, dass es kaum zu tragen
war, und teilten drei Tage die Beute aus; denn es war
viel. **Am vierten Tage aber kamen sie zusammen**
im Lobetal; denn dort lobten sie den HERRN.
Daher heißt die Stätte »Lobetal« bis auf diesen Tag.
So kehrte jedermann von Juda und Jerusalem wieder
um und Joschafat an der Spitze, dass sie nach Jerusa-
lem zögen mit Freuden; denn der Herr hatte ihnen

Freude gegeben an ihren Feinden. Und sie zogen in Jerusalem ein mit Psaltern, Harfen und Trompeten zum Hause des Herrn.«
(2. Chronik 20,2-28)

Als ich zum ersten Mal über diesen atemberaubenden Siegesbericht sprach, es war auf einer Gebetskonferenz, nannte ich als Thema: »Lob – die Siegesstraße der Kinder Gottes«. Und dabei betonte ich immer wieder, dass Kinder Gottes zum Siegen berufen sind. In Psalm 118,13-16 steht:

»Man stößt mich, dass ich fallen soll; aber der Herr hilft mir. Der Herr ist meine Macht und mein Psalm und ist mein Heil. Man singt mit Freuden vom Sieg in den Hütten der Gerechten: Die Rechte des Herrn behält den Sieg! Die Rechte des Herrn ist erhöht; die Rechte des Herrn behält den Sieg!«

Der Apostel Paulus schrieb:

»Gott aber sei Dank, der uns den Sieg gibt durch unseren Herrn Jesus Christus.«
(1. Korinther 15,57)

Und in seinem 2. Brief, den er an die christliche Gemeinde in Korinth richtete, betonte er:

»Gott aber sei gedankt, der uns allezeit Sieg gibt in Christus.« (Kapitel 2,14)

Der Kontext, in dem diese Siegessätze stehen, spricht von Nöten, von Verfolgung und Schwierigkeiten. Sieg kann es ja auch nur dort geben, wo es Angriffe gibt. Und dann muss auch gesagt werden, dass dieser Sieg nicht einfach so in den Schoß fällt.

Das zeigt der vorliegende Bericht. Da ist von Gebet und Fasten die Rede, von neuer Hingabe an Gott und von kühnem Vertrauen zu Gott. »Siegen kommt nicht vom Liegen«, hat einmal jemand gesagt. Und weil keiner, Sie nicht und ich nicht, ohne Schwierigkeiten durchs Leben kommt, und weil keine Gemeinde ohne Angriffe und Tiefschläge über Jahre hin unbekümmert dahingleiten kann, darum ist dieser Bericht so aktuell und hilfreich. Und er zeigt erneut, was Gebet vermag.

Gottes Volk befindet sich in einer die Existenz bedrohenden Krise. Das ist der dunkle Hintergrund, der hier berichteten Gebetsgemeinschaft. Der biblische Berichterstatter schildert in vier Phasen, was der König und die alttestamentliche Gemeinde empfinden und wie sie mit der Herausforderung umgehen. Da ist zuerst von Bedrohung und Furcht die Rede. Dann von Gott suchendem Gebet und von Anbetung. Danach von Gottes prohetischer Antwort und Hingabe. Und schließlich von einem tiefen Vertrauen und einer überwältigenden Siegeserfahrung.

1. Bedrohung und Furcht

Die alttestamentliche Gemeinde wird von einem starken und kampferprobten Feind bedroht. Es ist eine Zusammenballung von Problemen. Ein Bündnis dunkler und zerstörerischer Mächte: Moabiter, Ammoniter und Meuniter. Die Bibel spricht von einer großen Menge, einem großen Heer, das schon bedenklich nahe ist.

Wir dürfen diesen Bericht geistlich übertragen. Auch die Gemeinde Jesu, die globale Gemeinde, aber auch die lokale Gemeinde, wird von Zeit zu Zeit massiv vom Gegenspieler Gottes, von Satan und seinen Verbündeten, bedroht. Da kann es zu einem massiven Einbruch von Irrlehren kommen, die die Gemeinde vom Zentrum der biblischen Botschaft wegzulocken oder wegzureißen drohen. Es gab kein Jahrhundert der Kirchengeschichte, in der es diese Gefahr nicht gab. Der Angriff begann im ersten Jahrhundert mit der Gnosis und im zwanzigsten Jahrhundert war es die bibelkritische Theologie. Sie hat die Bibel »entmythologisiert« und zu einem kraftlosen und nichtssagenden Buch gemacht. Die Wunder wurden gestrichen. Die Gottessohnschaft Jesu wegdiskutiert. Die Ewigkeit geleugnet. Die historisch kritische Forschung hat die missionarische Stoßkraft der Kirche lahm gelegt. Sie hat Millionen in Zweifel und Unglauben gestürzt. Sie hat die Kirche zu einem Lazareth und zu einem Museum gemacht. Der bedauerliche Zustand der Kirche in unserem Land ist weithin darauf zurückzuführen.

Aber ich denke auch an die Angriffe Satans auf einzelne Gemeinden. Streit, Profilierungssucht, gesetzliche Enge, hängen an überholten Traditionen, haben zu sinnlosen und zerstörenden Grabenkämpfen, zu Spaltungen und Imageverlust geführt.

Warum nehmen wir das eigentlich so wenig ernst, was in der Bibel über Satan geschrieben steht? Er wird doch nicht als Papptiger vorgestellt, sondern als »brüllender Löwe«, der nur darauf aus ist zu

»verschlingen«. Und er wird nicht als gehörntes dümmliches Wesen beschrieben, sondern als intelligenter, durchtriebener und verführerischer »Engel des Lichts«, der mit einer religiösen Maske sein mörderisches Ziel zu erreichen sucht. Er ist in Aktion. Er schläft nicht. Er war zur Zeit Jesu präsent und er hat sich in keiner Weise zurückgenommen.

Wie sieht es in Ihrer Gemeinde aus? Haben Sie den Eindruck, dass Ihre Gemeinde angegriffen wird? Spüren Sie, dass da jemand am Werk ist, der lähmt, der zerstört, der niederreißen und vernichten will? Und wie ist es mit Ihrem Christsein? Erleben Sie Angriffe auf Ihren Glauben, haben Sie Anfechtungen? Gewinnt die Sünde? Hat der Materialismus Ihre geistliche Stoßkraft gebremst? Ist die Vergnügungssucht zum beherrschenden Faktor geworden?

Ich möchte Ihnen zeigen, wie damals Joschafat und das Volk Gottes mit der drohenden Gefahr umgegangen sind.

2. Gott suchendes Gebet und Anbetung

Das Erste und alles Dominierende war Gebet. Die nun folgenden Verse der Bibel schildern drei beeindruckende Gebetsversammlungen. Ich möchte mit Ihnen zunächst überdenken, was das besondere Kennzeichen der ersten Gebetsversammlung war?

Im biblischen Text wird berichtet, dass der König die drohende Gefahr nicht auf die leichte Schulter nahm. Er wusste, dass sie aus eigener Kraft nicht in der Lage waren, diesen militärisch überlegenen Feind zu besiegen. Was tat er? Welchen Weg wählte er? Die Bibel sagt:

> *»Joschafat aber fürchtete sich und richtete sein Angesicht darauf, den HERRN zu suchen; und er ließ in ganz Juda ein Fasten ausrufen.«*

Joschafat erkennt die Bedrohung, die dem Volk Gottes bevorsteht und er beschreitet einen geistlichen Weg. Er überlegt nicht, wie er den Feind auf natürliche Weise besiegen kann. Er schmiedet keine Pläne. Beruft keine Krisensitzungen ein. Arbeitet keine militärischen Strategien aus. Joschafat sucht Gott.

Die Redewendung, »Gott suchen«, die Sie in der Bibel mehrfach lesen können, ist immer ein Kennzeichen von intensivem Gebet. Dieses »Gott suchen« ist ein Charakteristikum verantwortungsbewusster und geistlich klar orientierter Führungspersönlichkeiten. »Gott suchen« ist kein Stoßgebet. »Gott suchen« ist keine eilige »Stille Zeit«. »Gott suchen« ist kein liturgischer Akt. »Gott suchen« ist ein das ganze Leben umfassendes Geschehen und es ist ein ununterbrochenes Geschehen. Der gesamte Tagesrhythmus wird davon bestimmt. Alle Aufgaben, Essen und Trinken, Begegnungen und Ruhen werden in dieses »Gott suchen« einbezogen. Es ist ein Ausstrecken des Herzens und ein Schrei des

Herzens zu Gott hin. Denken, Wille und Gefühl sind davon erfasst. Gott begegnen wird zum Verlangen, zur Sehnsucht, zur Leidenschaft. Klassisch und unübertroffen hat es der König David zum Ausdruck gebracht:

> *»Gott, du bist mein Gott, den ich suche. Es dürstet meine Seele nach dir, mein ganzer Mensch verlangt nach dir ...«* (Psalm 63,2)
> *»... wenn ich mich zu Bette lege, so denke ich an dich, wenn ich wach liege, sinne ich über dich nach.«* (Psalm 63,7)

So suchte Joschafat und später auch das ganze Volk Gott. Sie wollten keine eigenen Entschlüsse fassen. Sie wollten Gottes Willen erfahren und Gottes Hilfe erleben.

Zweites Kennzeichen: Ein Gebetsruf an alle

Joschafat bleibt kein Einzelkämpfer. Er zieht sich nicht nur in das »stille Kämmerlein« zurück. Er weiß, dass jetzt alle gefordert sind. So richtet Joschafat einen unüberhörbaren und geradezu revolutionären Appell an das ganze Volk:

> *»... und er ließ in ganz Juda ein Fasten ausrufen. Und Juda kam zusammen, den Herrn zu suchen; auch aus allen Städten Judas kamen sie, den Herrn zu suchen.«*

Das ist das Kennzeichen einer vom Heiligen Geist gewirkten Erweckung. Alles, was sonst das alltägliche Leben bestimmt, tritt jetzt zurück. So

kommt es zu einer riesigen Fasten- und Gebetsversammlung.

Viele Gemeinden in unserem Land liegen am Boden, kraftlos und ohne Ausstrahlung. Eigentlich
sollte ein solcher Appell das Signal der Stunde sein.
Aber keine Gemeinde wird ernsthaft, ergriffen und
mit Fasten Gott suchen, ohne das Vorangehen der
geistlichen Leiter.

1971 haben mich folgende Sätze von Edward
McKendree Bounds erschüttert und mein Leben
neu geprägt: »Prediger haben eine Vorrangstellung
in der Gemeinde. Sie sind in erster Linie für den Zustand der Gemeinde verantwortlich. Sie formen
den geistlichen Stand der Gemeinde und geben ihrem Leben Färbung und Richtung.

Starke geistliche Führer, Männer voll heiliger
Macht an der Spitze sind Zeichen der Gunst Gottes.
Die Folge von schwachen, weltlichen Leitern ist
Unheil und Kraftlosigkeit.

Das Gebet ist eines der besonderen Kennzeichen
starker geistlicher Führung. Männer kraftvollen Gebets sind Männer der Kraft, die ihre Umgebung um-
gestalten. Wo sind die Gemeindeleiter, die im Stande sind, die modernen Gläubigen anhaltendes Beten zu lehren? Sind wir uns dessen bewusst, dass
wir eine gebetslose Schar von Gläubigen erziehen?
Wo sind die apostolischen Führer, die das Volk Gottes zum Beten anhalten?

Die Hauptverantwortlichen müssen in dem
apostolischen Bemühen vorangehen, die wichtige
Bedeutung und die Wirklichkeit des Gebets in dem

Herzen und Leben der Gemeinde an die erste Stelle zu setzen. Nur betende Leiter können betende Nachfolger haben. Betende Apostel werden betende Heilige hervorbringen. Eine betende Kanzel wird betende Kirchenbänke zur Folge haben.

Viel kostbare Zeit ging durch eine gebetslose Kirche verloren. Die Hölle hat sich durch eine gebetslose Kirche vergrößert, und ihre Orte des Schreckens haben sich angesichts des toten Gottesdienstes einer gebetslosen Kirche gefüllt« (13).

Provozierende Sätze! Aber enthalten sie nicht die Wahrheit, die überall in der Bibel nachzulesen ist? Und unterstreichen sie nicht markant 2. Chronik 20? Hier finden wir eine Leiterpersönlichkeit, die vorangeht, die zuerst Gottes Angesicht sucht und die dann auch in Vollmacht das Volk Gottes zum opferbereiten Gebet rufen kann. Und die Menschen kommen. Tausende kommen. Männer, Frauen und Kinder kommen (Vers 13). Sie kommen nicht, um ein fröhliches Fest zu feiern, ein Gemeindefest, eine fromme Party, ein christliches Straßenfest – nein, sie kommen, um zu fasten und zu beten. »Gott!« – ist der unüberhörbare Schrei dieser Menschen.

Drittes Kennzeichen: Proklamation und Anbetung

Lesen Sie es bitte in 2. Chronik 20,5-12 nach. Es ist das Gebet eines Beters und es ist das Gebet, das die gesamte Gebetsversammlung prägt. Wir können einen Vergleich zu der Gebetsgemeinschaft in Apostelgeschichte 4 ziehen. Dort und hier beginnt das Gebet mit einer Proklamation der Größe und Macht Gottes. Dort und hier ist es von Staunen und Anbetung bestimmt. Dort und hier steht Gott im Mittelpunkt, der Gott, der in der Schöpfung und in der Geschichte sich offenbart hat. Diese Sicht gibt dieser und jeder Gebetsversammlung geistliche Kraft.

> *»Und Joschafat trat hin unter die Gemeinde Judas und Jerusalems im Hause des HERRN vorn im neuen Vorhof und sprach: HERR, du Gott unserer Väter, bist du nicht Gott im Himmel und Herrscher über alle Königreiche der Heiden? Und in deiner Hand ist Kraft und Macht, und es ist niemand, der dir zu widerstehen vermag.«*

Ich betone das auch hier: Achten Sie in den Gebetsversammlungen darauf, dass diese Dimension des Gebets nicht zu kurz kommt. Wenn eine Gebetsversammlung mit dem Blick auf die Probleme beginnt, dann wirkt das wie der hypnotisierende Blick einer Schlange. Dann werden die Probleme die Beter anziehen und schließlich verschlingen. Wenn Sie sich aber genügend Zeit nehmen nach oben zu schauen, Gott, den *»Herrscher über alle Königreiche«* vor Augen haben, in *»dessen Hand Macht und Kraft«* ist und dem *»niemand zu widerstehen vermag«*, dann wächst an diesem Blick der Glaube und wird schließlich zum sieghaften Glauben. In einer solchen Gebetsgemeinschaft verwandelt sich eine von Angst, Hoffnungslosigkeit und Verzweiflung geprägte Atmosphäre in eine Atmosphäre der Hoffnung und Kraft. Der Beter wird hörbereit, so dass Gott zu Wort kommen kann. Davon wird später noch die Rede sein.

In seinem Gebet spricht Joschafat von dem Handeln Gottes in der Geschichte des Volkes Gottes. Dabei werden ihm die Zusagen Gottes bewusst und er spricht sie vor Gott aus:

> *»Hast du, unser Gott, nicht die Bewohner dieses Landes vertrieben vor deinem Volk Israel und hast es den Nachkommen Abrahams, deines Freundes, gegeben für immer? Und sie wohnten darin und haben dir ein Heiligtum für deinen Namen gebaut und gesagt: Wenn Unglück, Schwert, Strafe, Pest oder Hungersnot über uns kommen, werden wir vor diesem Hause und vor dir stehen – denn dein Name ist in diesem Hause – und zu dir schreien in unserer Not, und du wirst hören und helfen.«*

Auch diese Perspektive führt zum sieghaften Glauben. Am Handeln Gottes mit seinem Volk und an den Verheißungen Gottes wird der Blick auf die unbegrenzten Möglichkeiten Gottes geweitet. Der Beter erkennt, dass es für Gott kein Unmöglich gibt und er nimmt in der Gebetsgemeinschaft auch andere mit in diese Perspektive hinein. Gott wird als der erkannt, der er wirklich ist: Der Gott, für den Wunder kein Problem sind.

An dieser Stelle möchte ich Ihnen einige Gebetsverheißungen Gottes aus dem Alten Testament nennen, auf die Sie sich in Ihrem persönlichen Gebet und in den Gebetsgemeinschaften berufen können. In meinem Buch »Handbuch der neutestamentlichen Verheißungen« finden Sie alle Verheißungen des Neuen Testamentes.

>*Wenn du ihn bitten wirst, wird er dich hören*, und du wirst deine Gelübde erfüllen.«
(Hiob 22,27)

>*Die auf ihn sehen, **werden strahlen vor Freude, und ihr Angesicht soll nicht schamrot werden**.« (Psalm 34,6)

>***Die Augen des HERRN merken auf die Gerechten und seine Ohren auf ihr Schreien.***«
(Psalm 34,16)

>***Wenn die Gerechten schreien, so hört der HERR und errettet sie aus all ihrer Not.***«
(Psalm 34,18)

>*Opfere Gott Dank und erfülle dem Höchsten deine Gelübde **und rufe mich an in der Not, so will ich dich erretten**, und du sollst mich preisen. **Wer Dank opfert, der preiset mich, und da ist der Weg, dass ich ihm zeige das Heil Gottes.***«
(Psalm 50,14-15+23)

>***Wirf dein Anliegen auf den HERRN; der wird dich versorgen und wird den Gerechten in Ewigkeit nicht wanken lassen.***« (Psalm 55,23)

>***Und es soll geschehen: ehe sie rufen, will ich antworten; wenn sie noch reden, will ich hören.***« (Jesaja 65,24)

> *»So spricht der HERR, der alles macht, schafft und ausrichtet – HERR ist sein Name –: **Rufe mich an, so will ich dir antworten und will dir kundtun große und unfassbare Dinge, von denen du nichts weißt.«*** (Jeremia 33,2+3)

Schreiben Sie Gebetsverheißungen auf kleine Zettel und teilen Sie sie gelegentlich in Ihren Gebetstreffen aus. An einer geeigneten Stelle können Sie eine Zeit der Stille anberaumen, in der jeder Teilnehmer über die ihm gegebene Verheißung nachdenken kann. Danach ist es angebracht, eine Gebetszeit anzubieten, in der jeder im Gebet auf seine Verheißung antworten kann. Eine solche verheißungsorientierte Gebetszeit öffnet die Beter für das Handeln Gottes.

Fünftes Kennzeichen: Ein aktueller Hilferuf

Im Gebet bringt Joschafat das brennende Problem vor Gott. Er nennt die Gefahr beim Namen. Er spricht von der eigenen Hilflosigkeit und er bittet demütig Gott um sein Eingreifen:

> *»Nun siehe, die Ammoniter, Moabiter und die vom Gebirge Seïr, durch die du Israel nicht hindurchziehen ließest, als sie aus Ägyptenland kamen – sondern sie mussten vor ihnen weichen und durften sie nicht ausrotten –, siehe, sie lassen uns das entgelten und kommen, uns auszutreiben aus deinem Eigentum, das du uns gegeben hast. Unser Gott, willst du sie nicht richten? Denn in uns ist keine Kraft gegen dies große Heer, das gegen uns kommt.*

Wir wissen nicht, was wir tun sollen, sondern unsere Augen sehen nach dir.«

Beachten Sie bitte, dass hier ein König betet. Das ist nicht das Gebet eines unerfahrenen Jugendlichen oder einer ängstlichen Oma. Ein König steht vor Gott und Tausende hören ihm zu. Es ist die Persönlichkeit, zu dem alle aufschauen. Vorbild für Millionen. Aber er maskiert nicht den glaubensstarken Beter. Er muskelt nicht die markante und mutige Führungspersönlichkeit. Er spielt nicht den Coolen und Erhabenen. Er macht sich und anderen nichts vor. Sein Gebet ist realistisch, oder genauer gesagt authentisch. Der König betet wie ein Kind, das Hilfe suchend und vertrauensvoll nach der Hand des Vaters greift. Es lohnt sich, diesen Satz, der Demut und Abhängigkeit dokumentiert, noch einmal zu lesen:

> *»Denn in uns ist keine Kraft gegen dies große Heer, das gegen uns kommt. Wir wissen nicht, was wir tun sollen, sondern unsere Augen sehen nach dir.«*

Wir sollten in unseren Gebetsversammlungen auch darauf achten, dass die Gebete ehrlich sein können, dass die Gefühle und Empfindungen nicht unterdrückt werden müssen. Unsere Ohnmacht darf zur Sprache kommen. Unsere Schwachheit darf benannt werden. Unsere Ratlosigkeit darf Ausdruck finden. Wer erwartet, dass Gott hört und erhört, muss offen und muss wahr sein.

3. Prophetische Antwort und Hingabe

Während der Gebetsgemeinschaft kommt Gottes Antwort. Ein Mitbeter hört durch den Heiligen Geist die Stimme Gottes. In einer prophetischen Rede teilt er dem König und dem Volk das mit, was Gott tun wird. Detailliert gibt der Heilige Geist Anweisungen und ruft zum Vertrauen, zum Gehorsam und zu mutigen Schritten auf:

> *So spricht der HERR zu euch: Ihr sollt euch nicht fürchten und nicht verzagen vor diesem großen Heer; denn nicht ihr kämpft, sondern Gott. Morgen sollt ihr gegen sie hinabziehen. Wenn sie den Höhenweg von Ziz heraufkommen, werdet ihr auf sie treffen, wo das Tal endet, vor der Wüste Jeruël. Aber nicht ihr werdet dabei kämpfen; tretet nur hin und steht und seht die Hilfe des HERRN, der mit euch ist, Juda und Jerusalem! Fürchtet euch nicht und verzaget nicht! Morgen zieht ihnen entgegen! Der HERR ist mit euch.*

»*Der HERR ist mit euch*«, das ist der beste Schlachtruf für die Gemeinde Jesu. Das ist der stärkste Vertrauensruf in aussichtsloser Lage.

Auf seinem Sterbelager sagte der englische Erweckungsprediger John Wesley: »Das Beste von allem ist, Gott ist mit uns.« (14)

Wenn der Heilige Geist in jeder Gebetsversammlung neu und lebendig dieses »*Der Herr ist mit euch*« in die Herzen der Beter schreiben kann, dann ist das das beste Ergebnis einer Gebetszeit. Gottes Gegenwart richtet auf. Gottes Gegenwart gibt Mut. Gottes Gegenwart führt zur Freude. Wenn alle Beter von der Gegenwart Gottes erfasst werden, dann ist das die Lösung aller Probleme. Was immer dann auch kommt, wenn Gott da ist, wird alles gut. Davon war der alttestamentliche Beter überzeugt, als er schrieb:

> *»Wenn ich nur dich habe, so frage ich nichts nach Himmel und Erde. Wenn mir gleich Leib und Seele verschmachtet, so bist du doch, Gott, allezeit meines Herzens Trost und mein Teil.«*
> (Psalm 73,25-26)

Und der Apostel Paulus fasst diese Erkenntnis in die unvergleichlichen Sätze:

> *»Ist Gott für uns, wer kann wider uns sein? Der auch seinen eigenen Sohn nicht verschont hat, sondern hat ihn für uns alle dahingegeben – wie sollte er uns mit ihm nicht alles schenken? Wer will die Auserwählten Gottes beschuldigen? Gott ist hier, der gerecht macht.«* (Römer 8,31-33)

Die Reaktion des Königs und des Volkes auf das Reden des Heiligen Geistes ist tiefe und begeisterte Hingabe an Gott. Sie wird in dreifacher Weise beschrieben:

Zuerst neigt sich der König vor Gott. Damit erkennt er diese prophetische Rede als von Gott kommend an und zeigt in aller Öffentlichkeit seine Bereitschaft, das zu befolgen, was Gott gesagt hat. Seine Reaktion hat Vorbildcharakter.

Danach geht eine tiefe Bewegung der neuen Hingabe, verbunden mit Anbetung, durch das ganze Volk. Tausende, Alte und Junge, Männer und Frauen fallen vor Gott nieder. Ein ganzes Volk betet Gott an und gibt Gott die Ehre. Beachten Sie bitte, dass das kein liturgischer Akt war. Niederfallen und Anbetung wurden nicht von den Priestern angeordnet. Keiner hat manipuliert. Keiner hat einen Appell zur Anbetung gegeben. Es ereignete sich, weil Gott die Herzen ergriffen hat.

Einmal erlebte ich genau das Gegenteil. Keine Frage, es war gut gemeint, aber es war nicht vom Geist Gottes gewirkt. Eine große Konferenz. Tausend Teilnehmer füllten die Halle. Ein Prediger, der aus einem Erweckungsgebiet kam, hielt eine zündende Ansprache. Danach rief eine Gebetsleiterin die Konferenzteilnehmer auf, sich auf den Boden zu werfen und zu Gott um Erweckung zu schreien. Sie selbst legte sich auf den Boden und rief immer wieder durch das Mikrofon: »Schrei zu Gott! Schrei zu Gott!« Ich empfand die Situation peinlich. Nur wenige folgten dem Aufruf. Der hysterische Schrei einer Frau war zu hören. Einige beteten. Meine Beurteilung der Lage: Gott hatte die Herzen nicht ergriffen. Es war nicht Gottes Stunde.

Damals, zur Zeit Joschafats, war es die Stunde Gottes. Angst und Hoffnungslosigkeit hatten die Menschen für Gottes Reden geöffnet. Gottes klare Antwort erfasste und überwältigte sie. Staunend über Gottes Erbarmen und Liebe lagen Tausende auf ihrem Angesicht und beteten den Gott Abrahams, Isaaks und Jakobs, den Schöpfer des Himmels und der Erde, an.

Und dann lesen wir noch von einer dritten Reaktion. Die Tempelsänger bildeten spontan einen Anbetungschor. Und wenig später sind weithin ihre

Anbetungslieder zu hören. Die Bibel berichtet: »... *mit laut schallender Stimme*.« Das war alles andere als ein normaler Gottesdienstgesang. Das war ein begeistertes, überwältigendes und hingerissenes Loben und Preisen.

Beter sehnen sich nach solchen Gebetsversammlungen, die geprägt sind von Ehrfurcht, Liebe, Faszination, Leidenschaft, Glut und Hingabe. Lasst uns Gott darum bitten, dass er seinen Geist auf die Gebetsversammlungen ausgießt, »*den Geist der Gnade und des Gebets*« (Sacharja 12,10).

4. Vertrauen und Siegeserfahrung

Das seltsamste Heer der Kriegsgeschichte beschreibt nun die Bibel in den folgenden Versen. Die Speerspitze des Heeres bildete keine »Artillerie«, und sie bestand nicht aus kampferprobten Kriegern. An der Spitze marschierte ein Chor, liefen Instrumentalisten und Sänger. Ihr Outfit war keine Uniform, sondern Festkleidung. Ihr Schlachtruf war kein Kriegsgeschrei; ihr Schlachtruf bestand aus Lob- und Danklieder. So zieht Joschafat dem gewaltigen Heer des Feindes entgegen. Unverantwortlich, verrückt und absurd würden es die einen nennen. Andere würden von abenteuerlich und tollkühn sprechen. Aber das war nicht die schnelle und überzogene Idee eines religiös begeisterten Königs. Wir lesen in der Bibel, dass Joschafat alles mit dem Volk durchgesprochen hat. Er handelt in Übereinstimmung mit allen. Und er handelt auf Grund einer Erkenntnis, die er selbst in folgender öffentlicher Rede so formulierte:

> »Merket auf, ganz Juda und ihr Einwohner von Jerusalem! Glaubet an den Herrn, euren Gott, so werdet ihr sicher sein, und glaubet seinen Propheten, so wird es euch gelingen.«

In dieser seltsamen Schlachtordnung manifestierte sich sein Glaube und äußerte sich der Glaube des Volkes. Es war die sichtbare Antwort auf das, was ihnen in jener prophetischen Rede von Gott her gesagt wurde:

> »Nicht ihr werdet dabei kämpfen; tretet nur hin und steht und seht die Hilfe des Herrn, der mit euch ist, Juda und Jerusalem! Fürchtet euch nicht und verzaget nicht! Morgen zieht ihnen entgegen! Der Herr ist mit euch.«

Genau das erleben sie in überwältigender Weise: »... die Hilfe des Herrn.« Aber beachten Sie bitte, wann Gott seinen Arm bewegte. Sehen Sie genau hin, wann Gott in das Kriegsgeschehen eingriff. Die Bibel nennt den genauen Zeitpunkt:

> »Und als sie anfingen mit Danken und Loben, ließ der Herr einen Hinterhalt kommen über die Ammoniter und Moabiter und die vom Gebirge Seir, die gegen Juda ausgezogen waren, und sie wurden geschlagen.«

»Als sie anfingen mit Loben und Danken ...« Lob und Dank ist die Siegesstraße der Kinder Gottes! Unüberwindliche Schwierigkeiten, Probleme und Angriffe werden durch gemeinsames Danken und Loben besiegt. Das erlebten Paulus und Silas im Gefängnis in Philippi und das erlebte Gottes Volk damals in der Konfrontation mit dem weit überlegenen Feind.

Es ist eine göttliche Lektion, die Sie in Ihren Gebetsgemeinschaften lernen sollten. Loborientiertes Gebet ist der Schlüssel zur göttlichen Lösung der Probleme, der Gemeindeprobleme und der persönlichen Probleme.

- Im Gotteslob werden ungeahnte göttliche Kräfte freigesetzt.
- Im Gotteslob werden die Ressourcen des Himmels geöffnet.
- Im Gotteslob werden die Angriffe der Dämonen zunichte gemacht.
- Im Gotteslob werden unüberwindliche Mauern niedergerissen.

»Als sie anfingen ...«. Noch war nichts von Sieg zu sehen. Noch waren die Feinde gerüstet und kampfbereit. Joschafat und sein Volk hatten lediglich eine Verheißung, ein prophetisches Wort, sie hatten die Zusage, dass Gott auf ihrer Seite steht. Aber Gott war nicht sichtbar und nicht greifbar. Trotzdem fingen sie an zu loben und zu danken. Und als die erste Zeile des ersten Lobliedes gesungen wurde, kam plötzlich Bewegung in die Formationen des Feindes. Streit brach auf. Die Ammoniter und Moabiter richteten aus unerklärlichen Gründen ihre Waffen gegen die Soldaten vom Gebirge Seir, um sie auszurotten. Und wenig später gerieten alle mit allen in Streit und brachten sich gegenseitig um. Als Joschafats Gott lobendes Heer zum Kampfplatz kam, fanden sie nur noch Erschlagene – und sie fanden so viel Beute, dass sie es kaum tragen konnten. Drei Tage teilten sie die Beute aus. Ein überwältigender Sieg. Ein Sieg ohne menschlichen Kampf, wohl aber mit Glaubenskampf. Ein göttlicher Sieg. Ein Lobsieg. Ein Sieg, der sie reich gemacht hat.

Es ist gut und angebracht, Gott zu loben, wenn wir seine Wunder erleben. Aber es ist besser und es ist ein Zeichen von sieghaftem Glauben, wenn wir Gott schon loben, bevor wir seine Wunder sehen. Das ist »Vor-Lob« – Lob, bevor Gott handelt.
• Dieses Vor-Lob, ist Lob, das Gott ehrt.
• Dieses Vor-Lob, ist Lob, das Satan erschüttert.
• Dieses Vor-Lob, ist Lob, das Berge versetzt.
Lassen Sie sich von diesem Lob anstecken und tragen Sie es aus Ihrem persönlichen Gebetsraum in Ihren Gemeinderaum.

Gebetsgemeinschaft – die zur Umkehr ruft

Im Buch Nehemia werden drei ergreifende Gebetsgemeinschaften beschrieben. Sie fanden in Jerusalem statt, zu einer Zeit, in der Gottes Gericht das Volk Gottes hart getroffen hatte. Dreimal waren die Babylonier in Israel eingefallen, hatten Menschen verschleppt und Städte und Dörfer geplündert. Beim letzten Mal wurde Jerusalem und der Tempel völlig zerstört. Siebzig Jahre waren seitdem vergangen. Die meisten Juden lebten nun in Babylon.

Historiker weisen darauf hin, dass es in Babylon viele der Deportierten zu Ansehen und Reichtum gebracht hatten. Es ist nur verständlich, dass solche Leute keine große Lust verspürten, in ihr Land, das verwüstet und zerstört war, zurückzukehren. Aber die Bibel berichtet, dass Gott die Herzen erweckte, sodass viele zurückkehrten und anfingen, zuerst in Jerusalem einen Teil des Tempels und später unter der Leitung von Nehemia auch die niedergerissenen Mauern der Stadt wieder aufzubauen. Das alles war gefahrvoller, als sie es sich vorgestellt hatten, denn es gab einflussreiche Gegner, Feinde, die alles einsetzten, um den Wiederaufbau zu verhindern. Aber Gott ließ es Esra und Nehemia und denen, die auf ihrer Seite standen, gelingen. Hier nun lesen wir von den Gebetsversammlungen, die zur Umkehr riefen und damit eine geistliche Erweckung auslösten.

1. Umkehr durch Gottes Wort

> »Und Esra tat das Buch auf vor aller Augen, denn er überragte alles Volk; und als er's auftat, stand alles Volk auf. Und Esra lobte den HERRN, den großen Gott. **Und alles Volk antwortete: »Amen! Amen!« und sie hoben ihre Hände empor und neigten sich und beteten den HERRN an mit dem Antlitz zur Erde.**« (Nehemia 8,5.6)

Auf einem erhöhten Podest steht ein Mann. Er hält eine Schriftrolle in seinen Händen und liest daraus vor. Zehntausende hören ihm zu, denn sie spüren, dass hier einer steht, dessen Herz von Gott berührt wurde und dessen Geist für Gottes Wort brannte. Er wurde während der Gefangenschaft in Babylon geboren, stammte aus einer Priesterfamilie und trug einen Namen, der mit »Hilfe« übersetzt werden kann. Es ist Esra. Gottes Wort, das er vom Morgen bis zum Mittag vorlas, packte und erschütterte die Menschen. Viele brachen in Tränen aus, weil sie erkannten, dass sie an Gott schuldig geworden waren. Aber das Lesen des göttlichen Wortes löste auch Anbetung und neue tiefe Hingabe des Volkes an Gott aus:

> »Und alles Volk antwortete: »Amen! Amen!«
> und sie hoben ihre Hände empor und neigten sich
> und beteten den HERRN an mit dem Antlitz zur
> Erde.«

Steht Gottes Wort im Zentrum Ihres Lebens? Wie intensiv und wie oft lesen Sie in der Bibel? Entdeckt man an Ihrer Bibel, dass Sie in ihr forschen? Sind da Texte besonders markiert, durch die Gott zu Ihnen sprechen konnte? Lernen Sie Sätze, die Ihnen besonders wichtig geworden sind, auswendig? Haben Sie lebensverändernde Erfahrungen mit Gottes Wort gemacht? Können Sie das voll bejahen, was in Psalm 119,162 steht:

> »Ich freue mich über dein Wort wie einer, der große
> Beute macht.«

Oder sind sie angesteckt, vom Geist der Kritik und des Zweifels? Ist die Bibel für Sie ein Buch, dass keine besondere Rolle in Ihrem Leben spielt? Sitzen sie länger vor dem Fernsehgerät als vor der Bibel? Müssen Sie sich überwinden, zur Bibel zu greifen, um in ihr zu lesen?

Wo Gottes Wort im persönlichen Leben ernst genommen wird, und wo Gottes Wort in der Gemeinde ernst genommen wird, da wird auch das Gebet, das persönliche Gespräch mit Gott und das gemeinsame Gespräch mit Gott, lebendig und bedeutungsvoll. Und eine Folge der Neuentdeckung der Bibel wird die Bereitschaft zur Umkehr, zur Lebensbereinigung und zur ungeteilten Christusnachfolge sein.

2. Umkehr durch völlige Hingabe

»Am vierundzwanzigsten Tage dieses Monats kamen die Israeliten zu einem Fasten zusammen, in Säcke gehüllt und mit Erde auf ihren Häuptern. Und es sonderten sich die Nachkommen Israels von allem fremden Volk ab und traten hin und bekannten ihre Sünden und die Missetaten ihrer Väter. Und sie standen an ihrem Platz auf, und man las vor aus dem Buch des Gesetzes des HERRN, ihres Gottes, drei Stunden lang, und drei Stunden bekannten sie und beteten zum HERRN, ihrem Gott. Und auf dem erhöhten Platz für die Leviten standen Jeschua, Bani Kadmiël, Schebanja, Bunni, Scherebja, Bani und Kenani und schrien laut zu dem HERRN, ihrem Gott. Und die Leviten Jeschua, Kadmiël, Bani, Haschabneja, Scherebja, Hodija, Schebanja, Petachja sprachen: Auf! lobet den HERRN, euren Gott, von Ewigkeit zu Ewigkeit! Und man lobe deinen herrlichen Namen, der erhaben ist über allen Preis und Ruhm!« (Nehemia 9,1-5)

Gott sollte wieder die volle Herrschaft über das Leben bekommen! Diese Gesinnung, diese Sehnsucht kennzeichnet die oben berichtete Gebetsversammlung. Das war kein oberflächliches und eiliges Gebetstreffen, wo man nach kurzer Zeit bereits auf die Uhr schaut. Das war keine routinemäßige Gebetsgemeinschaft, die man im Gemeindeterminkalender abhaken konnte. Was hier gezeigt wird, ist Gebet verbunden mit völliger Neuhingabe an Gott. Als äußeres Zeichen der Umkehrbereitschaft zogen die Beter Bußgewänder aus Sacktuch an und streuten Erde auf ihren Kopf. Das innere Zeichen der Umkehr war ihr offenes Sündenbekenntnis. Da wurde nichts beschönigt und nichts vertuscht. Da wurde nichts heruntergespielt und verdrängt. Sünde wurde Sünde genannt. In dem Buch »Keine Erweckung ohne Buße« schreibt Oswald Smith: »Eins wird in den großen Erweckungen der Vergangenheit immer besonders hervorgehoben, nämlich ein tiefes und wahres Bewusstsein der Sünde. Das aber ist gerade eines der wesentlichen Elemente, die heute fehlen. Wie enttäuschend sind die Methoden, die heute oft in den Evangelisationen angewandt werden. Wie oberflächlich und unwirklich, wenn wir sie mit den echten Wirkungen des Geistes vergleichen.« (15)

Ich sehe das Ehepaar noch vor mir, dass beim Ruf zur Entscheidung für Jesus die Hand halb erhob. In der Zelthalle hatten die meisten die Augen geschlossen. Als aber das Ehepaar entdeckte, dass einige aus dem Posaunenchor nach links und rechts sahen, haben sie schnell die Hand heruntergenommen. Sie wollten nicht entdeckt werden. Ich konnte nach der Veranstaltung noch mit ihnen sprechen. Nein, sie waren wirklich noch nicht reif für eine echte Hingabe an Gott. Sie stellten so oberflächliche Fragen, dass ich irgendwann das Gespräch mit einem Gebet beendete.

Aber am nächsten Abend saßen sie wieder in der Zelthalle. Ich sah gelegentlich zu ihnen hin, während ich predigte. Sie hörten aufmerksam zu. Als ich an diesem Abend zur Übergabe des Lebens an Jesus nach vorne rief, standen sie beide auf und kamen. Ein mutiger Schritt in der Öffentlichkeit. Ein Zeichen, dass sie es ernst meinten. Eine Mitarbeiterin sprach danach mit der Frau. Das Gespräch, das ich mit dem Mann führte, war an diesem Abend völlig anders, als am Abend zuvor. Er hatte echte Fragen und ich spürte, wie der Geist Gottes an ihm arbeitete. Dennoch hatte ich den Eindruck, dass die Stunde der Entscheidung noch nicht gekommen war.

Als ich am kommenden Abend eine Stunde vor Beginn der Veranstaltung mit meinem Auto am Zelt ankam und ausstieg, kam mir jener Mann entgegen. Er hatte Tränen in den Augen. Stockend erzählte er, dass er heute nur einen Gedanken hatte: Ich will Jesus ganz gehören. Er konnte als Geschäftsmann kaum einen Kunden bedienen. Immer wieder packte es ihn. Er sah seine Sünde. Er ging in sein Büro und versuchte zu beten. Es klappte nicht. »Helfen Sie mir«, sagte er und die Erschütterung war ihm ins Gesicht geschrieben.

Seine Lebenshingabe, die er dann in einem authentischen Gebet zum Ausdruck brachte, war in diesem Augenblick durch und durch echt.

Wenn wir uns nach Erweckung sehnen, dann wird eine Gebetsgemeinschaft, die Umkehr und Hingabe zum Inhalt hat, der entscheidende Faktor sein. Ich weiß, dass wir das nicht anordnen können. Aber wir können darauf aufmerksam machen. Wir können darüber sprechen. Wir können Umkehr- und Erweckungsberichte der Bibel lesen und erklären. Und wir können dafür beten – für uns selbst, für unsere Gemeinde und für die Gemeinde Jesu in unserem Land.

3. Umkehr durch konsequentes Handeln

In dem Buch »Was geschieht, wenn Gott antwortet«, berichtet Evelyn Christenson, von einem Gespräch, das sie mit einer beunruhigten Frau führte. Die Frau sagte ihr, dass ihr Mann immer wieder mit einer anderen Frau schlafen würde. Am darauf folgenden Morgen würde er Gott jedes Mal um Vergebung bitten. Er sagte danach zu seiner Frau, dass alles wieder in Ordnung sei, weil Gott ja Sünde vergibt. »Stimmt das?«, fragte die Frau. »Darf er als Christ so leben?« Evelyn Christenson antwortete mit einem klaren »Nein« und erklärte ihr, dass Buße immer Konsequenzen mit sich bringen müsse. (16)

Es stimmt: Wenn wir Sünde bekennen, sagt Gott nicht einfach: »O.k. Vergessen wir die Sache.« Gott ruft nach dem Sündenbekenntnis zu einem konsequenten Handeln. Gott erwartet, dass wir uns von der erkannten Sünde distanzieren. Genau das sehen wir in dem vor uns liegenden Bericht. Ich zeige Ihnen die entsprechende Passage:

> *»Und es sonderten sich die Nachkommen Israels*
> *von allem fremden Volk ab.«* (Nehemia 9,2)

Sie bekannten also nicht nur, dass sie auf diesem Gebiet gesündigt hatten, sondern sie trennten sich auch von der Sünde. Das ist Buße, wie sie in der Bibel beschrieben wird. Das ist das »Umdenken«, von dem Jesus sprach, nicht nur ein Umdenken im Bereich der »grauen Zellen«, sondern ein Umdenken in der gesamten Existenz, ein Umdenken mit »Herz, Mund und Händen«.

Ich spüre es in meinem Herzen, dass wir solche Umkehr-Gebetsversammlungen brauchen. Ich brauche sie. Sie brauchen sie. Ihre Gemeinde braucht sie. Unser Land braucht sie. »Keine Erweckung ohne Buße!«

Gemeinsames Gebet in der vollendeten Gemeinde

Es kommt der Tag, an dem alle, die sich Jesus Christus anvertraut haben, ihn, den Sohn Gottes sehen werden. Es ist der Tag der ersten Auferstehung, den alle die erleben, die als Kinder Gottes gestorben sind. Und es ist der Tag der Entrückung für alle die, die an diesem Tag dann noch auf der Erde leben. Die einen werden aus dem Paradies Jesus entgegengeführt. Die anderen werden aus dem pulsierenden Leben von der Erde weggenommen und zu ihm hin entrückt. Die Bibel sagt:

> *»Denn er selbst, der Herr, wird, wenn der Befehl ertönt, wenn die Stimme des Erzengels und die Posaune Gottes erschallen, herabkommen vom Himmel, und zuerst werden die Toten, die in Christus gestorben sind, auferstehen. Danach werden wir, die wir leben und übrig bleiben, zugleich mit ihnen entrückt werden ... dem Herrn entgegen; und so werden wir bei dem Herrn sein allezeit.«* (1. Thessalonicher 4,16-17)

Das ist die vollendete Gemeinde. Die Bibel nennt sie »sein Leib«. Und der Apostel Johannes berichtet mit bewegten Worten, dass dann alle Jünger und

Jüngerinnen Jesu so sein werden, wie Jesus Christus. Er schreibt:

> »Meine Lieben, wir sind schon Gottes Kinder; es ist aber noch nicht offenbar geworden, was wir (einmal in der Ewigkeit) sein werden. Wir wissen aber: wenn es offenbar wird, werden wir ihm (Jesus Christus) gleich sein; denn wir werden ihn sehen, wie er ist.« (1. Johannes 3,2)

Jesus Christus gleich sein, das ist Vollkommenheit. Alles, was an negativen Charaktereigenschaften auf der Erde noch zu sehen war, Eigensucht, Angeberei, Bindungen, Neid, Egoismus – alles, was nicht von der göttlichen Liebe geprägt und durchdrungen war, das wird von Jesus in einem letzten Reinigungsprozess weggenommen. Welch ein herrlicher Tag. Ich freue mich darauf. Ich sehne mich danach. Je länger ich mit Jesus Christus lebe, um so mehr entdecke ich, wie sündig und fehlerhaft ich bin. Und ich erfahre, wie unvollkommen alles ist, was ich für Gott tue. Dann aber, an jenem wunderbaren Tag, wird das alles, alles Ungöttliche, nicht mehr sein. Vollendete Gemeinde ist vollkommene Gemeinde. Und von dieser Vollkommenheit, von dieser vollkommenen Liebe, werden dann auch die himmlischen »Gebetsversammlungen« geprägt sein. Manches, was jetzt das gemeinsame Gebet prägt, zum Beispiel Bitte und Fürbitte, wird dort nicht mehr zu hören sein. Aber eines wird bleiben, wird von Ewigkeit zu Ewigkeit erklingen: Lobpreis und Anbetung. Und davon ist im letzten Buch der Bibel, in der Offenbarung, die uns einen Blick in diese Zukunft und in den Himmel gewährt, die Rede.

Gebetsgemeinschaft – die himmlisch ist

Die erste Gebetsgemeinschaft, die in der Offenbarung berichtet wird, hat eine Dimension, die für uns unvorstellbar ist. Sie umschließt alle Bereiche der Schöpfung. Überall ist staunendes Gotteslob zu hören. Die für das damalige Denken – beachten Sie den Kontext des ersten Jahrhunderts – erkennbaren Seinsbereiche werden angesprochen: Himmel, Erde, Unterwelt und Meer. Überall wird dem Vater und dem Sohn die Ehre gegeben. Der Anlass für diesen überdimensionalen Jubel ist eine seltsame und für die gesamte Schöpfung entscheidende Schriftrolle. Gott hält sie in seinen Händen. Und es wird die Persönlichkeit gesucht, die die Vollmacht hat, diese Schriftrolle zu öffnen und Gottes Heilsplan zu vollenden. Johannes, der in einem Straflager gefangene Jünger Jesu, darf dabei sein. Gottes Geist hat ihn nicht nur ergriffen und für eine kurze Zeit in den Himmel geführt, sondern Gottes Geist hat auch das Rad der Zeit für den bewährten Zeugen Jesu für zwei Jahrtausende oder mehr vorgedreht. Johannes erlebt real mit, was nach unserem Zeitverständnis noch Zukunft ist. Aber lesen Sie selbst zuerst den biblischen Bericht. Achten Sie dabei besonders auf die zwei markanten Sätze, in denen der Begriff »würdig« vorkommt. Der eine Satz ist eine Frage und löst Bestürzung und Ratlosigkeit aus. Der andere Satz ist eine Proklamation und löst diesen ergreifenden Anbetungsjubel aus:

»Danach sah ich, und siehe, eine Tür war aufgetan im Himmel, und die erste Stimme, die ich mit mir hatte reden hören wie eine Posaune, die sprach: Steig herauf, ich will dir zeigen, was nach diesem geschehen soll. Alsbald wurde ich vom Geist ergriffen. Und siehe, ein Thron stand im Himmel, und auf dem Thron saß einer. Und der da saß, war anzusehen wie der Stein Jaspis und Sarder; und ein Regenbogen war um den Thron, anzusehen wie ein Smaragd. Und um den Thron waren vierundzwanzig Throne, und auf den Thronen saßen vierundzwanzig Älteste, mit weißen Kleidern angetan, und hatten auf ihren Häuptern goldene Kronen. Und von dem Thron gingen aus Blitze, Stimmen und Donner; und sieben Fackeln mit Feuer brannten vor dem Thron, das sind die sieben Geister Gottes. Und vor dem Thron war es wie ein gläsernes Meer, gleich dem Kristall, und in der Mitte am Thron und um den Thron vier himmlische Gestalten, voller Augen vorn und hinten. Und die erste Gestalt war gleich einem Löwen, und die zweite Gestalt war gleich einem Stier, und die dritte Gestalt hatte ein Antlitz wie ein Mensch, und die vierte Gestalt war gleich einem fliegenden Adler. Und eine jede der vier Gestalten hatte sechs Flügel, und sie waren außen und innen voller Augen, und sie hatten keine Ruhe Tag und Nacht und sprachen: Heilig, heilig, heilig ist Gott der Herr, der Allmächtige, der da war und der da ist und der da kommt.
Und wenn die Gestalten Preis und Ehre und Dank gaben dem, der auf dem Thron saß, der da lebt von Ewigkeit zu Ewigkeit, fielen die vierundzwanzig Ältesten nieder vor dem, der auf dem Thron saß, und

beteten den an, der da lebt von Ewigkeit zu Ewigkeit, und legten ihre Kronen nieder vor dem Thron
und sprachen: Herr, unser Gott, du bist würdig, zu
nehmen Preis und Ehre und Kraft; denn du hast
alle Dinge geschaffen, und durch deinen Willen
waren sie und wurden sie geschaffen.
Und ich sah in der rechten Hand dessen, der auf
dem Thron saß, ein Buch, beschrieben innen und
außen, versiegelt mit sieben Siegeln. Und ich sah
einen starken Engel, der rief mit großer Stimme:
Wer ist würdig, das Buch aufzutun und seine Siegel
zu brechen? Und niemand, weder im Himmel noch
auf Erden noch unter der Erde, konnte das Buch
auftun und hineinsehen. Und ich weinte sehr, weil
niemand für würdig befunden wurde, das Buch aufzutun und hineinzusehen. Und einer von den Ältesten spricht zu mir: Weine nicht! Siehe, es hat über-
wunden der Löwe aus dem Stamm Juda, die Wurzel
Davids, aufzutun das Buch und seine sieben Siegel.
Und ich sah mitten zwischen dem Thron und den
vier Gestalten und mitten unter den Ältesten ein
Lamm stehen, wie geschlachtet; es hatte sieben
Hörner und sieben Augen, das sind die sieben Geister Gottes, gesandt in alle Lande.
Und es kam und nahm das Buch aus der rechten
Hand dessen, der auf dem Thron saß. Und als es
das Buch nahm, da fielen die vier Gestalten und die
vierundzwanzig Ältesten nieder vor dem Lamm,
und ein jeder hatte eine Harfe und goldene Schalen
voll Räucherwerk, das sind die Gebete der Heiligen,
und sie sangen ein neues Lied: Du bist würdig, zu
nehmen das Buch und aufzutun seine Siegel; denn
du bist geschlachtet und hast mit deinem Blut

Menschen für Gott erkauft aus allen Stämmen und Sprachen und Völkern und Nationen und hast sie unserm Gott zu Königen und Priestern gemacht, und sie werden herrschen auf Erden. Und ich sah, und ich hörte eine Stimme vieler Engel um den Thron und um die Gestalten und um die Ältesten her, und ihre Zahl war vieltausendmal tausend; die sprachen mit großer Stimme: Das Lamm, das geschlachtet ist, ist würdig, zu nehmen Kraft und Reichtum und Weisheit und Stärke und Ehre und Preis und Lob. **Und jedes Geschöpf, das im Himmel ist und auf Erden und unter der Erde und auf dem Meer und alles, was darin ist, hörte ich sagen: Dem, der auf dem Thron sitzt, und dem Lamm sei Lob und Ehre und Preis und Gewalt von Ewigkeit zu Ewigkeit! Und die vier Gestalten sprachen: Amen! Und die Ältesten fielen nieder und beteten an.«**
(Offenbarung 4,1 – 5,14)

Als Johannes aus dem Strafgefangenenlager durch Gottes Geist in den Himmel geführt wurde, erlebte er das genaue Gegenteil dessen, was ihn täglich umgab. Im KZ, auf der Insel Patmos, waren Dreck, Verzweiflung, Flüche und elendes Sterben. Jetzt erlebt er die überwältigende Herrlichkeit des Himmels. Er sieht den Gott, der Liebe ist, heilige Liebe. Gleisendes Licht umgibt ihn. Seltsame Wesen beten ihn an. Ehrfurchtgebietende Älteste legen ihre Kronen zu seinen Füßen. Alles ist auf Gott ausgerichtet.

Johannes wird Augenzeuge einer ergreifenden Anbetungsversammlung. Während dieser Anbetung fällt ihm eine versiegelte Schriftrolle auf, die

Gott in seinen Händen hält. Und plötzlich wird dieser gewaltige Lobpreis unterbrochen durch den machtvollen Ruf eines Engels:

> *»Wer ist würdig, das Buch aufzutun und seine Siegel zu brechen?«*

Lähmende Stille breitet sich aus. Und Johannes weiß intuitiv, dass diese Schriftrolle eine entscheidende Bedeutung für die ganze Schöpfung hat. Es geht um Chaos oder Happy End. Es geht um die Zukunft der Menschheit; um einen ewigen Holocaust oder um Harmonie und herrliche Vollendung.

Entsetzt stellt Johannes fest, dass keiner im Himmel, keiner der gewaltigen Engel, keiner der machtvollen Lebewesen, sich in Bewegung setzt. Keiner geht auf den Thron zu. Auch kein Engel wagt es, die Schriftrolle zu berühren. Keiner im Himmel, keiner auf der Erde und keiner im Totenreich wurde gefunden. Keiner!? Johannes bricht unter dieser Last zusammen. Er weint fassungslos. Da berührt ihn einer der Ältesten, spricht ihn an und teilt ihm mit, dass es einen gibt, der das Buch öffnen kann. Und er nennt den Bildbegriff: »Löwe aus dem Stamm Juda«. Johannes schaut sich um. Er sucht diese majestätische und machtvolle Persönlichkeit, diesen »Löwen«. Und plötzlich entdeckt er zwischen den mächtigen Lebewesen und den Ältesten am Thron ein »Lamm«, unscheinbar, schwach, verwundet. Er sieht seinen Herrn, mit dem er drei Jahre auf der Erde gelebt hat. Er sieht Jesus, den Gekreuzigten. Und er sieht, wie der Gekreuzigte auf Gott zugeht, wie er seine Hände nach dem Buch ausstreckt und es nimmt.

In diesem Augenblick kommt alles im Himmel in Bewegung. Die einflussreichen Lebewesen fallen vor Jesus nieder. Die Ältesten beten ihn kniend an. Ein Anbetungschor formiert sich. Und er beginnt sein Jubellied mit dem Satz: »*Du bist würdig.*« Zuerst singen die Ältesten, dann stimmen Milliarden Engel ein, später jubelt die gesamte Schöpfung. Es ist eine überwältigende Anbetungsatmosphäre. Alles jubelt dem Vater und dem Sohn zu. Alles gibt dem Vater und dem Sohn die Ehre. Alles jauchzt:

> **»*Dem, der auf dem Thron sitzt, und dem Lamm sei Lob und Ehre und Preis und Gewalt von Ewigkeit zu Ewigkeit!*«**

Lobpreis und Anbetung! Als erlöste Menschen können wir jetzt schon in Vorfreude und Vorstaunen preisen und anbeten. Im Vergleich zu dieser himmlischen Anbetung, wird es zwar immer nur ein kläglicher Versuch sein, beinah wie ein Üben vor dem gewaltigen Konzert im Himmel. Aber lasst uns fröhlich üben. Lasst uns ergriffen üben. Lasst uns fleißig üben. Lasst uns von Herzen üben.

Gebetsgemeinschaft – die alles übertrifft

Im folgenden Bericht finden Sie eine Gebetsgemeinschaft, die ausschließlich von der vollendeten Gemeinde gestaltet wird. Wieder sehen wir diesen riesigen Thronsaal Gottes mit dem alles überragenden Thron. Milliarden Engel füllen diesen Saal und unzählbar viele Menschen beten Gott den Vater und Jesus Christus an. Die Bibel berichtet:

>»Danach sah ich, und siehe, eine große Schar, die niemand zählen konnte, aus allen Nationen und Stämmen und Völkern und Sprachen; die standen vor dem Thron und vor dem Lamm, angetan mit weißen Kleidern und mit Palmzweigen in ihren Händen, und riefen mit großer Stimme: Das Heil ist bei dem, der auf dem Thron sitzt, unserm Gott, und dem Lamm! Und alle Engel standen rings um den Thron und um die Ältesten und um die vier Gestalten und fielen nieder vor dem Thron auf ihr Angesicht und beteten Gott an und sprachen: Amen, Lob und Ehre und Weisheit und Dank und Preis und Kraft und Stärke sei unserm Gott von Ewigkeit zu Ewigkeit! Amen. Und einer der Ältesten fing an und sprach zu mir: Wer sind diese, die mit den weißen Kleidern angetan sind, und woher sind sie gekommen? Und ich sprach zu ihm: Mein Herr, du weißt es. Und er sprach zu mir: Diese sind's, die gekommen sind aus der großen Trübsal und haben ihre Kleider gewaschen und haben ihre Kleider hell gemacht im Blut des Lammes. Darum sind sie vor dem Thron Gottes und dienen ihm Tag und Nacht in seinem Tempel; und der auf dem Thron sitzt, wird über ihnen wohnen. Sie werden nicht mehr hungern noch dürsten; es wird auch nicht auf ihnen lasten die Sonne oder irgendeine Hitze; denn das Lamm mitten auf dem Thron wird sie weiden und leiten zu den Quellen des lebendigen Wassers, und Gott wird abwischen alle Tränen von ihren Augen.« (Offenbarung 7,9-17)

Wenn ich mir vorstelle, dass ich einmal unter denen sein darf, die mit Tränen der Freude, mit unaussprechlicher Liebe, mit heiliger Faszination vor Gott und vor Jesus stehen und ihm die Ehre geben, dann kann ich nur staunen und immer wieder »Danke« sagen: »Danke Jesus, dass Du auch mich mit deinem Blut erkauft hast. Danke Jesus, dass Du auch mich festhältst bis zu dieser Anbetungsversammlung und von Ewigkeit zu Ewigkeit. Danke Jesus, für Deine unvergleichliche Liebe.« Und ich höre in meinem Herzen den brausenden Jubel dieser Anbetungsgemeinschaft.

»Wer sind die, die so festlich in weiß gekleidet sind?«, fragt einer der göttlichen Minister den Jünger Johannes. Es war eine rhetorische Frage. Natürlich wusste dieser Älteste, was das für Leute sind, die so hingerissen anbeten. Aber die Frage sollte Johannes noch einmal zeigen, wer dort zu sehen ist, wer dort dabei sein darf. Und auch uns soll die Frage immer wieder zu denken geben und zum Danken bewegen. Es ist sind Sätze, die von Zeit zu Zeit am Beginn einer Gebetsversammlung gelesen werden müssten. Es sind Sätze, die zum Kreuz führen, die die Bedeutung der Sündenvergebung zeigen, die deutlich machen, wie entscheidend es ist, dass unser Leben mit dem Blut von Jesus gereinigt ist:

> *»Diese sind's, die gekommen sind aus der großen Trübsal und haben ihre Kleider gewaschen und haben ihre Kleider hell gemacht im Blut des Lammes. Darum sind sie vor dem Thron Gottes und dienen ihm Tag und Nacht in seinem Tempel.«*

Und diese Wahrheit wird auch durch viele weitere Aussagen der Bibel unterstrichen. Zwei möchte ich nennen:

> *»Wenn wir aber im Licht wandeln, wie Gott im Licht ist, so haben wir Gemeinschaft untereinander, und das Blut Jesu, seines Sohnes, macht uns rein von aller Sünde.«* (1. Johannesbrief 1,7)

> *»Und es wird fast alles mit Blut gereinigt nach dem Gesetz, und ohne Blutvergießen geschieht keine Vergebung.«* (Hebräer 9,22)

Wir wenden unsere Aufmerksamkeit noch einmal den ersten Sätzen dieses Berichtes zu. In Ihnen lesen wir, dass dort, vor dem Thron Gottes, Menschen aus allen Ländern der Erde, Menschen aus allen Sprachen der Welt anbeten. Und keiner von ihnen wurde dazu gezwungen, keiner wurde überredet, keiner wurde gedrängt. Sie beten freiwillig an, sie beten von Herzen an und sie beten begeistert an.

Welch ein Kontrast zu den Gebetsversammlungen in unserer Dimension. Da werden oft fadenscheinige Ausreden gebraucht, wenn zum gemeinsamen Gebet eingeladen wird: »Ich kann nicht laut beten.« »Ich bete lieber in meinem Kämmerlein.« »Ich habe andere wichtige Aufgaben in der Gemeinde.«

- Ob sich solche Christen dort vor dem Thron wohl fühlen, wo Anbetung das Zentrale ist?
- Oder sind solche Christen möglicherweise dort nicht dabei?
- Oder wird es für solche Christen eine letzte tiefe Traurigkeit geben, dass sie so wenig in ihrem irdischen Leben Gott durch Anbetung ehrten?

Ich kann diese Fragen nur stellen aber nicht beantworten. Nur eines wird deutlich: Gemeinsame Anbetung sollte eine wichtige Rolle in der Gemeinde spielen und gemeinsame Anbetung wird eine wichtige Rolle in jeder erweckten und vom Geist Gottes erfüllten und geführten Gemeinde spielen.

Detmar Scheunemann, der mehr als dreißig Jahre theologischer Lehrer und Rektor in Indonesien war und dort eine Erweckung erlebte, schreibt: »Eine erweckte Gemeinde ist eine singende und anbetende Gemeinde. Sie steht in einer uralten, sich immer wieder erneuernden Tradition. Denn Lobpreis, Dank und Anbetung ist die Antwort des Volkes Gottes und seiner einzelnen Glieder auf Gottes Reden, Erretten, Erbarmen, Vergeben, Heilen und Helfen. Lobpreis und Anbetung wurzeln also in einer persönlichen, lebendigen Gottesbeziehung und Erfahrung. Ist diese lebendige Gottesbeziehung im Glauben nicht gegeben, ist sie verschüttet oder durch Sünde und Ungehorsam getrübt, wird jeder Lobpreis und jede Anbetung zu einer Liturgie der leeren Worte, zu einer frommen Gewohnheit oder gar zu einer geistlichen Heuchelei.« (17)

Und dann muss noch etwas an dieser Stelle genannt werden: Es gibt einen großen und machtvollen Gegner der Anbetung Gottes. Es ist Satan, der durch Sünde zum hochmütigsten Geschöpf des Universums wurde. Er wollte Gott gleich sein. Er gierte nach Anbetung. Dabei verlor er seine privilegierte Stellung vor Gott und wurde von Gott verworfen. Jetzt nennt ihn die Bibel den »Gott dieses Aóns« (2. Korinther 4,4). Und es ist nur verständlich, dass er alles einsetzt, um die Anbetung Gottes zu verhindern. Nur auf diesem Hintergrund kann man solche Reaktionen von treuen Gottesdienstbesuchern erklären, die sich vehement gegen eine Anbetungszeit in den Gottesdiensten aussprechen. Nur unter diesem Aspekt kann man es deuten, dass Christen Anbetungschorusse und Anbetungslieder, in denen der Vater und der Sohn geehrt und gepriesen werden, ablehnen und wo sie gesungen werden, aus Protest schweigen. Hier ist Satan äußerst aktiv. Und auch hier gilt, was Martin Luther geschrieben hat: »... groß Macht und viel List sein grausam Rüstung ist, auf Erd ist nicht seinsgleichen.«

Dort aber, in den Dimensionen der Welt Gottes, wo der Feind der Gottesanbetung keinen Zutritt hat, dort wird keiner mehr ein Veto einlegen. Dort wird jeder, wie es die Bibel zeigt, mit Herzen, Mund und Händen anbeten. Und dort wird auch keiner verschämt nach links und rechts schauen, ob er nicht auffällt, wenn er die Hände zu Gott emporhebt. Dort wird die letzte Isolation, die wir hier um unser Herz gelegt haben, weg sein. Dort werden wir wirklich nur ihn sehen, ihn allein. Darum liebe ich das alte Lied, dass auch das Herrlichkeitslied genannt wird:

Wenn nach der Erde Leid, Arbeit und Pein
ich in die goldenen Gassen zieh ein,
wird nur das Schaun meines Heilands allein
Grund meiner Freude und Anbetung sein.

Dort, vor dem Throne, im himmlischen Land
treff ich die Freunde, die hier ich gekannt;
dennoch wird Jesus und Jesus allein,
Grund meiner Freude und Anbetung sein.

Üben Sie und üben Sie immer wieder diese Anbetung. Üben Sie es zu Hause und üben Sie es in Ihren Gebetstreffen. Üben Sie, bis Anbetung zu einem Lebensstil wird, zu einer Grundhaltung in Ihrem Leben und zu einem Markenzeichen in Ihrer Gemeinde.

Gebetsgemeinschaft – die Gottes Herrlichkeit besingt

Hier beschreibt die Bibel eine Siegesgebetsgemeinschaft. Sieger stehen vor Gott, dem Vater und dem Sohn. Sie beten an. Sie besingen Gottes Herrlichkeit und Macht. Sie haben trotz Verfolgung, Verführung, Versuchung ausgehalten und durchgehalten.

> *»Und ich sah, und es war wie ein gläsernes Meer, mit Feuer vermengt; und die den Sieg behalten hatten über das Tier und sein Bild und über die Zahl seines Namens, die standen an dem gläsernen Meer und hatten Gottes Harfen und sangen das Lied des Mose, des Knechtes Gottes, und das Lied des Lammes: Groß und wunderbar sind deine Werke, Herr, allmächtiger Gott! Gerecht und wahrhaftig sind deine Wege, du König der Völker. Wer sollte dich, Herr, nicht fürchten und deinen Namen nicht preisen? Denn du allein bist heilig! Ja, alle Völker werden kommen und anbeten vor dir, denn deine gerechten Gerichte sind offenbar geworden.«*
> (Offenbarung 15,2-4)

Es ist die vollendete Endzeitgemeinde. Menschen, die Jesus treu blieben. Es sind die, von denen in Offenbarung 12,11 geschrieben steht:

> *»Sie haben ihn überwunden* (Satan und alle Mächte, die ihm zu Diensten stehen, also auch das Tier und sein Bild und die Zahl seines Namens) *durch des Lammes Blut und durch das Wort ihres Zeugnisses und haben ihr Leben nicht geliebt, bis hin zum Tod.«*

Dort stehen also nicht Menschen, die ihre Muskeln spielen lassen, Menschen in Siegerpose, wie wir sie aus dem Sportbereich kennen. Nein und tausendmal Nein! In einer solchen Haltung und Einstellung ist Anbetung nicht möglich. Solche Menschen geben nicht Gott die Ehre, sie ehren sich selbst. Sie beten nicht Gott an, sondern sich selbst.

1. Sieg durch Jesu Blut

Anbeter sind Leute, die Sieger sind »*durch des Lammes Blut*«. Es ist der Sieg des Siegers von Golgatha, der Sieg des Gekreuzigten. Darum singen sie auch das Lied des Lammes. Frau Bethmann-Hollweg hat es so beschrieben:

Es ist das Lied vom Lamme, das herrlich neue Lied, das von dem Kreuzesstamme durch Ewigkeiten zieht, das Lied von Jesu Wunden, von Jesu Sieg und Macht, wie er ein Heil erfunden, das hier schon selig macht.

2. Sieg durch Bekennen

Und weil sie dieses Heil, diese wunderbare Errettung aus der Sünde und aus der Macht Satans persönlich erfahren haben, darum haben sie immer wieder davon gesprochen. Es war ihr Zeugnis, ihr Bekenntnis. Sie haben mit ihrem Leben und mit ihren Worten auf Jesus hingewiesen. Das hat sie davor bewahrt, dass sie zu Aktivisten irgendeiner Kirche wurden, zu religiösen Managern oder zu Sektierern mit Sonderlehren, wo Jesus Christus nur noch eine Abseitsrolle spielt. Ihr Sieg war ihr Zeugnis von Jesu Liebe und Jesu Macht. Anbeter sind Menschen, die Sieger sind durch »*das Wort ihres Zeugnisses*«. Wenn wir Jesus Christus anbeten, dann ist auch das ein machtvolles Zeugnis vor Satan, Dämonen und Geistern. Ein Zeugnis, das sie zum Rückzug zwingt. Ein Zeugnis, das sie in die Flucht schlägt.

3. Sieg durch Auslieferung

Und dann sind Anbeter Sieger, weil sie in Ihrem irdischen Leben Jesus dienten und sich ihm aus Liebe auslieferten. In der Offenbarung steht:

>*Sie haben ihr Leben nicht geliebt, bis hin zum Tod.*«

Das hat nicht mit Lebensverneinung und Todessehnsucht zu tun. Jesus sagte, dass er gekommen sei, um denen, die sich ihm anvertrauen, das Leben in der ganzen Fülle zu schenken (Johannes 10,10). Die beste Erklärung für das, was mit »*Leben nicht ge-*

liebt, bis hin zum Tod« gemeint ist, finden Sie im 2. Korintherbrief:

> *»Christus ist deshalb für alle gestorben, damit alle,*
> *die durch seinen Tod das Leben geschenkt bekamen,*
> *nicht länger für sich selbst leben. Ihr Leben soll*
> *jetzt Christus gehören, der für sie gestorben und*
> *auferstanden ist.«*
> (Kapitel 5,15 aus Hoffnung für alle)

Christen leben nicht für sich, für ihre Hobbys und ihre Karriere. Christen leben für Christus. Ihr Leben gehört ungeteilt ihm. Und das allein ist Erfüllung und Sieg.

Noch einmal: Sieger stehen vor dem Thron, Sieger stehen vor Gott und Sieger stehen vor Jesus. Und sie singen das Siegeslied des Lammes und sie singen das Lied des Mose. Es steht in 5. Mose 32. Und es spricht von Gottes wunderbarem Plan. Es spricht davon, dass Gott zum Ziel kommt, wenn auch durch Umwege und Gerichte. Aber am Ende steht das leuchtende und überwältigende *»Siehe, ich mache alles neu!«* (Offenbarung 21,5).

Gebetsgemeinschaft – die durch alle Ewigkeiten klingt

Und noch einmal, ziemlich am Ende des letzten Buches der Bibel, wird eine Gebetsversammlung beschrieben – wenn für das, was dort berichtet wird, der Begriff »Gebetsversammlung« oder »Gebetsgemeinschaft« überhaupt angebracht ist. Denn was im Himmel geschieht, sprengt ja alle menschlichen Maßstäbe und geht über alle unsere kühnsten Träume und Vorstellungen weit hinaus. Als der Apostel Paulus für eine kurze Zeit in diese himmlischen Dimensionen schauen und hören durfte, fasste er sein Erleben in den Worten zusammen:

> *»Ich hörte unaussprechliche Worte, die kein Mensch sagen kann.«* (2. Korinther 12,4)

Darum ist auch das, was hier in menschlichen Worten und Begriffen berichtet wird, nur ein Stammeln, ein Versuch, das zu vermitteln, was sich im Himmel ereignet:

> *»Danach hörte ich etwas wie eine große Stimme einer großen Schar im Himmel, die sprach: Halleluja! Das Heil und die Herrlichkeit und die Kraft sind unseres Gottes! Denn wahrhaftig und gerecht sind seine Gerichte, dass er die große Hure verurteilt hat, die die Erde mit ihrer Hurerei verdorben hat, und hat das Blut seiner Knechte gerächt, das ihre Hand vergossen hat. Und sie sprachen zum zweitenmal: Halleluja! Und ihr Rauch steigt auf in Ewigkeit. Und die vierundzwanzig Ältesten und die vier Gestalten fielen nieder und beteten Gott an, der auf dem Thron saß, und sprachen: Amen, Halleluja! Und eine Stimme ging aus von dem Thron: Lobt unsern Gott, alle seine Knechte und die ihn fürchten, klein und groß!*

Und ich hörte etwas wie eine Stimme einer großen
Schar und wie eine Stimme großer Wasser und wie
eine Stimme starker Donner, die sprachen: Hallelu-
ja! Denn der Herr, unser Gott, der Allmächtige, hat
das Reich eingenommen! Lasst uns freuen und
fröhlich sein und ihm die Ehre geben; denn die
Hochzeit des Lammes ist gekommen, und seine
Brau hat sich bereitet.« (Offenbarung 19,1-7)

Was die Bibel hier schildert, kann mit vier Begriffen
zusammengefasst werden: Einheit, Harmonie, Freude und Liebe. Und das in göttlicher und ewiger
Vollendung. Es ist das, wonach jeder Mensch sich
im Grunde seines Herzens sehnt.

1. Anbetung in vollendeter Einheit

Da ist zuerst von einer monumentalen Stimme
die Rede, die von einem großen Anbetungschor kommt. Die erste Betonung liegt auf der Aussage, dass es »*eine*« Stimme ist. Zwei Mal betont es
der Schreiber Johannes: »*Danach hörte ich etwas wie*
eine große Stimme ...«, und »*ich hörte etwas wie eine*
Stimme einer großen Schar«. Es wird die Einheit, die
vollkommene Einheit der Anbeter angesprochen.
Was auf der Erde manchmal noch trennend zwischen denen steht, die Jesus gehören: Antipathie,
Neid, Meinungsverschiedenheiten und anderes,
das ist im Himmel für immer »Schnee von Vorges-
tern«. Dies aber darf kein billiges Vertrösten sein.
Im Gegenteil: Es sollte uns motivieren, jetzt schon
die »Einigkeit im Geist« zu suchen und festzuhal-

ten. Auf Erden ist es nicht immer einfach, zu vergeben, Fehler nicht anzurechnen, die Hand zur Versöhnung zu reichen. Im Himmel jedoch wird vollkommene Einheit sein. Kein Christ wird sich mehr in den Mittelpunkt schieben. Keiner wird mehr seine Meinung durchsetzen. Keiner wird sich mehr profilieren. Keiner wird mehr Negatives verbreiten. Gottes Liebe wird vollkommen unser Herz erfüllen und diese Liebe wird alle einen. Die *»eine große Stimme«* der *»großen Schar«* dokumentiert Anbetung in vollendeter Einheit.

2. Anbetung in vollendeter Harmonie

Alles Dunkle, Zerstörerische, Niederdrückende, alles Antigöttliche ist besiegt. Ein gewaltiges und überwältigendes *»Halleluja«* erklingt, das große »Halleluja«, das himmlische Halleluja. Die gesamte Schöpfung atmet auf. Die »große Hure«, Bild für eine endzeitliche und globale, antichristlich religiöse Einheitsbewegung, ist vernichtet. Die »große Hure«, ein Symbol für eine satanische Ökumene, für eine Antikirche, in der Jesus Christus seiner Einzigartigkeit beraubt sein wird, ist beseitigt. Jetzt ist es so weit, dass das herrliche Hochzeitsfest im Himmel beginnt, die Herrlichkeitsparty des Sohnes Gottes mit Israel und seiner Gemeinde. Und in diese Harmonie wird dann auch die ganze Schöpfung mit hineingenommen. Die Bibel verheißt:

> *»Auch die Schöpfung wird frei werden von der Knechtschaft der Vergänglichkeit zu der herrlichen Freiheit der Kinder Gottes«* (Römer 8,21).

Beten Sie darum, dass der Heilige Geist in Ihren Gebetsversammlungen alles disharmonische beseitigt. Und sind Sie selbst bereit, das aus Ihrem Herzen auszuräumen, was die Harmonie stört.

3. Anbetung in vollendeter Freude

Ich habe beides erlebt: Gebetsgemeinschaften, die von der Freude geprägt waren, und Gebetsgemeinschaften, die langweilig, leer und trist waren.

Nie werde ich eine Gebetsgemeinschaft vergessen, die ich während einer Evangelisation erlebte. Wir knieten vor Gott. Wir hatten ein Anliegen, eine Sehnsucht, dass Menschen gerettet werden. Wir waren eins im Bitten, eins im Danken, eins im Anbeten. Die Harmonie Gottes erfüllte unsere Herzen. Und dann brach sich die Freude Bahn. Wir jubelten. Wir umarmten uns. Wir sangen begeistert Chorusse der Anbetung. Und trotzdem hatte ich das Empfinden, dass alle Freude, die wir jetzt erleben nur ein Vorgeschmack war, eine Kostprobe von der Freude, die in der Anbetung im Himmel sein wird.

Der Seher Johannes berichtet, dass er einen unvorstellbar beeindruckenden Anbetungschor hörte. Der Sound war so gewaltig, wie das Tosen eines riesigen Wasserfalls und wie das Grollen des Donners. Und dieser Chor rief alle zur Freude auf:

> *»Lasst uns freuen und fröhlich sein und ihm die Ehre geben; denn die Hochzeit des Lammes ist gekommen, und seine Braut hat sich bereitet.«*

Es ist die Hochzeitsfreude des Himmels, die Freude, die aus der Liebe geboren ist. Es ist die Freude, die alle mitreißt. Es ist die Freude, die einmündet in das ungeteilte SOLI DEO GLORIA – GOTT ALLEIN DIE EHRE!

SOLI DEO GLORIA –
GOTT ALLEIN DIE EHRE

GOTT allein die Ehre ...
• wenn Sie persönlich vor Gott stehen.
GOTT allein die Ehre ...
• wenn Sie in der kleinsten Zelle, in einer Zweier-
schaft beten.
GOTT allein die Ehre ...
• wenn Sie sich in einem missionarischen Gebetstrio treffen.
GOTT allein die Ehre ...
• wenn Sie als verantwortliche Mitarbeiter Gottes
Angesicht suchen.
GOTT allein die Ehre ...
• wenn Sie in Ihren Gebetsversammlungen und
Lobpreisgottesdiensten beten.

Und hier noch einmal der Satz der Bibel, den ich
immer und immer wieder für mich und für andere
lese, der Satz, der Verheißung und Motivation ist,
der Satz, der Ruf und Auftrag ist:

*»Das erste und wichtigste, wozu ich die Gemeinde
aufrufe, ist das Gebet. Bringt eure Bitten und Fürbitten und euren Dank vor Gott! Betet für alle
Menschen.«*

Literaturverzeichnis

(1) Ratschläge für Seelengewinner / Spurgeon /
Verlag Schriftenmission der ev. Ges. /
Seite 94+95

(2) Stille Gespräche / Johannes Busch /
Aussaat, ABC-Team / Seite 105+106

(3) Vom geistlichen Reden / Quell-Verlag
Stuttgart / Seite 110+111
Helmut Thielicke

(4) Kraft durch Gebet / E. M. Bounds / Herold Verlag / Seite 93

(5) Kraft durch Gebet / E. M. Bounds / Seite 5

(6) Kraft durch Gebet / E. M. Bounds / Seite 93

(7) Kraft durch Gebet / E. M. Bounds / Seite 69

(8) Kraft durch Gebet / E. M. Bounds / Seite 61

(9) Keine Erweckung ohne Buße / Oswald Smith / Seite 30

(10) Keine Erweckung ohne Buße / Oswald Smith / Seite 29

(11) Keine Erweckung ohne Buße / Oswald Smith / Seite 34

(12) Faszination Mensch / Werner Gitt / CLV / Seite 8

(13) Kraft durch Gebet / E. M. Bounds / Herold Verlag /
Seite 77+94

(14) Johannes Wesleys Tagebuch / Anker Verlag / Seite 40

(15) Keine Erweckung ohne Buße / Oswald Smith / Seite 42

(16) Was geschieht wenn Gott antwortet /
Evelyn Christenson / Hänssler Verlag / Seite 98

(17) Wo Gottes Feuer brennt / Detmar Scheunemann /
Brockhaus, ABC-Team / Seite 86